范仲淹

——《书端州郡斋壁》

先天下之忧而忧，
后天下之乐而乐。
——《岳阳楼记》

刘晏

举神童，作正字。

——《三字经》

意在笔前，然后作字。

——《题卫夫人〈笔阵图〉后》

王羲之

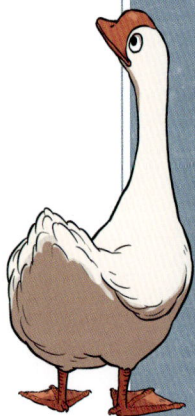

司马迁

吾爵益高，吾志益下；吾官益大，吾心益小；吾禄

究天人之际，通古今之变，成一家之言。

——《报任安书》

清心为治本，直道是身谋。

包拯

欧阳修

君子之学也，其可一日而息乎？

——《杂说》

何为而正？致诚则正。
何为而勇？蹈正则勇。
——《勇箴》

司马光

于谦

要留清白在人间。
——《石灰吟》

孟子

天将降大任于是人也，必先苦其心志，劳其筋骨。
——《孟子·告子下》

益厚，吾施益博。
——《列子·说符》

孙叔敖

孔子

学而时习之，不亦说乎？
——《论语·学而》

七岁而为孔子师。
——《战国策·秦策》

项橐

粉骨碎身浑不怕，

君子处其实，不处其华；
治其内，不治其外。
——《翰林院读书说》

张居正

自古英雄出少年

栋梁之材
如何炼成

马瑞芳 著

青岛出版集团
青岛出版社

图书在版编目（CIP）数据

栋梁之材如何炼成 / 马瑞芳著. — 青岛 : 青岛出版社, 2024.7
ISBN 978-7-5736-2152-8

Ⅰ.①栋… Ⅱ.①马… Ⅲ.①历史人物－生平事迹－中国－古
代－少儿读物 Ⅳ.①K820.2-49

中国国家版本馆CIP数据核字(2024)第072339号

ZIGU YINGXIONG CHU SHAONIAN
丛 书 名　**自古英雄出少年**
DONGLIANG ZHI CAI RUHE LIANCHENG
书　　名　**栋梁之材如何炼成**
著　　者　马瑞芳
绘　　者　夏　和
封面题字　牛运清
出版发行　青岛出版社
社　　址　青岛市崂山区海尔路182号（266061）
本社网址　http://www.qdpub.com
邮购电话　0532-68068091
策划编辑　刘　蕾
责任编辑　张佳琳　刘超然
美术编辑　于　洁　李兰香
印　　刷　青岛乐喜力科技发展有限公司
出版日期　2024年7月第1版　2024年7月第1次印刷
开　　本　16开（710mm×1000mm）
插　　页　1
印　　张　12.25
字　　数　97千
书　　号　ISBN 978-7-5736-2152-8
定　　价　36.00元

编校印装质量、盗版监督服务电话：4006532017　0532-68068050
建议陈列类别：少儿人文

目录

序

梁启超的《少年中国说》有这样一段话：

少年智则国智，少年富则国富，

少年强则国强，少年独立则国独立，

少年自由则国自由，少年进步则国进步……

自古英雄出少年，他们做出了什么样的事迹？

一、栋梁之材如何炼成

古代著名的思想家、政治家、军事家、文艺家是怎样从普普通通的少年成长起来的？历史提供了很多范例：

万世师表孔子说"三人行，必有我师"。他不耻下问，遇到有见解的小孩儿，他也虚心向孩子学习。

孟子幼时贪玩，于是孟母三迁，选择了最适合儿子成长的地方；孟子废学时，孟母断掉正在织的布，教育儿子不可半途而废。

振兴楚国的令尹孙叔敖幼年就以勇敢、无私，为民除害闻名。

司马迁肩负发扬家族写史的优秀传统的重任，自幼苦学，历尽千难万苦，写成"史家之绝唱，无韵之离骚"的《史记》。

王羲之幼年练字，池子的水都因洗笔而变黑了。他转益多师又坚持创新，成为"书圣"。

刘晏从一个被皇帝提拔的神童，成长为整个大唐"军国所倚"的理财能手。

范仲淹武能安邦，文能定国，他教育的儿子范纯仁成为宋代著名的布衣宰相。

戏剧舞台上的"黑脸包青天"有真实人物做依据。

欧阳修从一个画荻学字的贫弱少年成长为"唐宋八大家"中宋代六家的带头人。

于谦写下《石灰吟》。他两袖清风，以文治武功挽救明朝。

神童张白圭成长为"救世宰相"张居正。

…………

幼年立宏志，终生苦修炼。这是古代栋梁成材的"秘诀"。

二、生花妙笔从何而来

文化是民族的血脉、精神家园。中华五千年文明，涌现出一大批文化巨匠，他们的不凡人生是中华文明史的缩影，他们的佳作闪耀着思想和智慧的光芒。他们的生花妙笔从何而来？

写下传世名作的诗人、作家当然需要天赋，更要上下求索、孜孜以求，特别重要的是，要有爱国精神和高洁情怀。

屈原不仅创作出无比瑰丽的文学作品，还为后世树立了道德标杆。

"才高八斗"的曹植和"七子之冠冕"的王粲，生逢乱世，却有"建安风骨"。他们有理想、有抱负，以文章关注社会、黎民。

保持独立人格、不为五斗米折腰的陶渊明，影响了一代又一代的读书人。

唐诗不仅是中国文学史的奇迹，也是世界诗歌史的奇迹。"诗佛"王维、"诗仙"李白、"诗圣"杜甫、"诗魔"白居易……他们的清词丽句千古传诵：

海内存知己，天涯若比邻。（王勃）

大漠孤烟直，长河落日圆。（王维）

两岸猿声啼不住，轻舟已过万重山。（李白）

朱门酒肉臭，路有冻死骨。（杜甫）

同是天涯沦落人，相逢何必曾相识。（白居易）

他们的诗歌代表了中国诗歌的成就，他们的人生为后世留下深刻的教益：

不论什么家庭出身，平民也好，贵胄也罢，青史留名的诗人往往经历了少年苦读；

不论来自农村还是城市，青史留名的诗人往往热爱大自然，和大自然相融合；

不论做不做官，做多大官，青史留名的诗人往往关心底层人民疾苦，为民请命；

不论是春风得意还是屡遭磨难，青史留名的诗人往往奋进不止。

十六岁左右以两首《如梦令》登上文坛的李清照，受到齐鲁泉水和传统文化的双重哺育。

天才苏东坡用一篇《石钟山记》说明了真正的杰作不是"得来全不费功夫"的，而是要"思考加独创"。

蒲松龄和曹雪芹是两位小说巨匠；《聊斋志异》《红楼梦》一短一长，是流芳百世的千古绝唱。两部小说的横空出世和他们童年苦读息息相关，和他们对传统的继承、再创造密不可分。

从屈原到曹雪芹，名家巨匠的生花妙笔从何而来？他们的事迹可以给当代青少年启示。

三、少年英杰贯穿华夏

孔融四岁让梨；

曹冲七岁称象；

骆宾王写出"鹅鹅鹅"也是在七岁；

王献之八岁时练字用完三缸水；

甘罗十二岁被秦始皇拜为上卿……

谁说女子不如男？

西汉少女缇萦为了救父，闯皇宫给皇帝送信。她不仅救了父亲，还使得皇帝改变了刑法。

十二三岁的李寄勇敢而有智谋。她战胜凶恶的大蛇，为民除害，为女性争光。

北魏少女木兰女扮男装替父从军，保家卫国，身经百战……

自古以来，中华民族的少年英雄层出不穷。

这些杰出人物的精神应该深深地融入当代青少年的血脉中，成为代代相袭的中华精魂，在实现中华民族伟大复兴的中国梦的进程中，成为青少年学习、成材、为国献身的精神动力。

孔子

圣人和小儿师

　　身为"万世师表"的孔子（前551年—前479年）有没有老师呢？

　　有人认为，老子算孔子的老师。

　　《史记·孔子世家》记载：鲁昭公派车马送孔子和他的弟子南宫敬叔去向老子学礼。孔子辞别老子时，老子说了段送别辞：

　　　　吾闻富贵者送人以财，仁人者送人以言。吾不能富贵，窃仁人之号，送子以言，曰："聪明深察而近于死者，好议人者也。博辩广大危其身者，发人之恶者也。为人子者毋以有己，为人臣者毋以有己。"

　　老子告诉孔子：世事洞明的聪明人有死亡的危险，因为他喜欢议论别人；博学善辩、见多识广的人常遭遇危险，因为他喜欢揭发别人的罪恶。做子女的要经常忘掉自己、想着父母；做臣子的要经常忘掉自己、想着君主。

老子赠言时用了"窃仁人之号"① 这种自谦的说法。这不像对学生说话，倒像在勉励朋友。所以，虽然孔子曾找老子访学，两人却未必有师生关系。

我们从某些史书的记载中可以推断：孔子曾有小儿师。

哪些史书？《史记》《战国策》等。

---

① 窃仁人之号：指"盗用仁人的名号"。

七岁项橐为孔子师

司马迁《史记·樗（chū）里子甘茂列传》里有这样的记载：

秦相吕不韦命张唐到燕国任相，张唐不去。甘罗[①]向吕不韦自荐去说服张唐。吕不韦表示："我这个做相国的直接命令他去他都不听，你一个小孩子怎么能说服他？"甘罗说："大项橐（tuó）生七岁为孔子师。今臣生十二岁于兹矣。"甘罗说服了吕不韦，得以前往，最终成功说服张唐。

刘向编订的《战国策·秦策》也说："夫项橐生七岁而为孔子师。"

司马迁和刘向都是西汉时的人，司马迁的生年要早于刘向。从描写项橐的文字可以看出，刘向有可能沿用了司马迁

① 甘罗：秦国左丞相甘茂的孙子。

的说法。

此后一些有影响力的书，比如《淮南子》《论衡》，也有与《史记》里相似的说法。

《三字经》里也说："昔仲尼，师项橐。古圣贤，尚勤学。"

我们常常能从山东，以及陕北等地区的汉代画像石上看到：孔子向老子请教时，他们二人之间有个小男孩。有专家说，这个小男孩就是"七岁为孔子师"的项橐。

还有个直接展示"孔子拜师"的出土文物。山东邹城博物馆收藏着一块汉代画像石，画像石上身材高大的孔子谦恭地向一名矮小的儿童行拜师礼。

我们的问题就来了：

名气如此大的项橐到底是什么地方的人？

项橐的父母是做什么的？

项橐的父母是怎样教育儿子成材的？

项橐曾经跟哪位老师学习？

项橐是因为什么事令孔子折服的？

孔子拜项橐为师后，项橐给过孔子什么帮助？

项橐在人才辈出的春秋时代做出了什么丰功伟绩？

这些我们都无从知晓。

《史记·孔子世家》非常详细地描写了孔子周游列国的遭遇，而对孔子"拜小儿师"的事则一个字的记载都没有。

我十分怀疑，在甘罗那个时代，项橐这个人已经被传得逐渐失去了真实性。人们往往津津乐道于富有传奇色彩的故事，也就故意把孔子向儿童请教的事情夸大和神化了。司马迁虽然在《樗里子甘茂列传》中记下甘罗说项橐曾为孔子师，但是在《孔子世家》里却没有项橐曾为孔子师的记载。

项橐"三难"孔子的传说

项橐"三难"孔子的传说常见于各种童书。我们一起来看一下这些故事吧!

第一难:孔子让路

孔子东游时,子路驾车。在驿道上,他们遇见一群小孩在路中间堆石头玩。见到马车,小孩们纷纷躲到路旁让路,只有一个小孩大模大样地立在道路中间,挡住了孔子的车。

子路下车去拉小孩,小孩却不动。

孔子下车,好奇地问小孩:"你这孩子,为何不懂得给车马让路?"

小孩理直气壮地回答:"不是我不懂得给车马让路,是您不懂得车马必须绕过城郭!"

孔子啼笑皆非地问："城郭在什么地方？"

小孩说："我的双腿就是城门，后边的石块就是城郭！"

孔子仔细一看，那些石块果然被垒成了城郭的样子。

孔子笑道："这城郭也太小了。"

小孩说："既然您承认这是城郭，那么，您的车马就该绕城而过。为什么要让城郭给车马让路？"

孔子无话可说，子路只好"绕城"而过。

第二难：子路语塞

孔子继续前进。子路看到路旁有农夫锄地，就停下车调侃农夫说："请问，您整天在这儿锄地，一天抬多少次锄头啊？"

农夫不知道该如何回答。这时，刚才挡路的小孩赶过来了，对子路说："您整天赶马车，请问马蹄子一天抬多少次？"

子路张口结舌，无言以对。

第三难：孔子认输

孔子赶紧下车跟小孩互通姓名。

孔子知道小孩是神童项橐，说："咱们一人问一个问题，谁答不上来谁就算输了，输了的拜胜者为师。"

项橐欣然同意。

孔子问："天上有多少星星，地上有多少五谷？"

项橐回答："天高不可丈量，地广不能尺度。一天一夜星辰，一年一茬五谷。"

这个回答虽然不准确，但十分巧妙。孔子无话可说。

项橐问："二眉生于目上，请问夫子，您有多少根眉毛？"这道题模仿了孔子出的题，可谓"以其人之道还治其人之身"。

孔子回答不上，只好拜项橐为师。

还有许多类似的故事，越写越神奇，越写越好玩儿。

项橐是哪里人？说法五花八门：有的说他是孔子的老乡，是鲁国人；有的则说他是日照人。

项橐最终怎样了？众说纷纭：有的说他十二岁时被想拉他出来做官的齐国人害死了，有的说他是被吴国人杀害的，还有的说项橐百毒不侵、刀枪不入，却被一根柔细的茅草勒死了。

这些故事有多少是历史学家考证出来的？一个也没有。

这些相当幼稚也十分好玩儿的故事，倒能说明孔子的观点是有道理的：三人行，必有我师。

两小儿辩日

《列子·汤问》中有一则孔子和两个小孩的故事。

孔子在游学途中遇见两个小孩在争辩，便问他们争辩的原因。

一个小孩说："我认为太阳刚升起来时离人近，到中午时离人远。"

另一个小孩说："我认为太阳刚升起来时离人远，到中午时离人近。"

孔子想知道这两个小孩为什么分别这样说。

第一个小孩说："太阳刚升起时大得像一个车盖，到了中午就小得像一个盘盂，这不是近大远小的道理吗？"

第二个小孩说："太阳刚出来时我感觉清清凉凉，到了中午我就感觉热得厉害，这不是近热远凉的道理吗？"

孔子听了，不能判断他们谁对谁错。

两个小孩笑着说："谁说你知识渊博呢？"

这个故事告诉我们：学无止境，即使博学多闻的孔子也不是什么都知道。

春秋战国时百家争鸣，一个学派的人常给另一个学派的代表人物编一些小故事。在这些小故事中，后者的代表人物常常"理屈词穷"。《两小儿辩日》是很有影响力的一例，它是道家的列子给孔子编的故事。

《论语》：儒家经典。孔子弟子及其再传弟子关于孔子言行的记录，共二十篇。内容有孔子谈话、答弟子问及弟子间谈话，是研究孔子思想的主要资料。

《老子》：又叫《道德经》，道家的主要经典。传说是春秋末期老子所著。一般认为编订于战国中期，基本上保留了老子本人的主要思想。《老子》提出一种以"道"为核心的思想体系，保存了许多古代天文、生产技术等方面的资料，还涉及军事和养生。

百家争鸣：春秋战国时期学术界互相论争的局面和风气。当时学术派别很多，各派人物著书立说，游说争辩，对当时思想、文化、学术的发展起到了很大的推动作用。现在也指在学术研究中各抒己见。

孟子

孟母三迁和孟母断机

中国古人把孔子称为"圣人"，把孟子（约前 372 年—前 289 年）称为"亚圣"。

孔孟学说为中国封建社会官方意识形态的确立提供了理论基础。孔孟学说的精华部分至今仍然是中华民族的思想财富。

"天将降大任"给孟子，那么这位"亚圣"是怎么长成的呢？要回答这个问题，我们需要先来看看孟子的母亲。

现在来看，孟母的教育理念仍然很有价值。"孟母三迁"和"孟母断机"的故事传诵至今。

孟母三迁

孟子名轲，据说他是鲁国贵族孟孙氏的后裔。孟子的父亲是做什么的？可能因为他去世很早，史书上没有太多记载。孟轲的母亲"孟母"和岳飞的母亲"岳母"是中国历史上影响了一代又一代人的贤母。我们先来看看"孟母三迁"的故事吧。

孟轲家生活比较贫困，他们最初住的地方离墓地很近。既然是墓地，就常有人来埋死人。

幼年的孟轲经常观察那些出殡者，看他们如何刨坑挖土，如何把棺材放进墓穴，如何堆起一个坟，以及如何烧香拜坟。

孟轲觉得埋死人太好玩儿了！于是，他也跟小伙伴玩埋死人的游戏——折条树枝当作"死人"，把它埋起来。孟轲一天到晚跟小伙伴在墓地附近嬉闹。

终于有一天，他的行为被母亲发现了。

孟母说："这可不是适合我儿子居住和学习的地方！"

于是孟家搬到了市场旁边。市场上许多人高声叫卖，说自己的商品物美价廉，以此招徕顾客。喊得最厉害的往往是想把劣等的商品推销出去的。

孟轲和他的小伙伴又找到了新游戏：像商人一样炫耀手里的东西，还学着讨价还价。

"快来看啊，我的东西百里挑一啊！"

"快来抢啊，我的东西胜过他们啊！"

"快来买啊，我的东西又好又便宜！"

孟轲的新游戏又给孟母发现了。

孟母又说："这可不是适合我儿子居住和学习的地方！"

孟家再次搬家。这次，他们搬到了学宫旁边。学宫类似于现在的学校。

孟轲看到学校里的老师兢兢业业地教学生：

如何祭拜先人，祭拜圣贤；

见长辈如何行礼，见同辈如何打招呼；

如何作揖逊让，如何进退有度。

孟轲和伙伴们还没到学龄，就喜欢按照学校老师教的那

一套做了。他们设俎（zǔ）豆①，演习祭拜，模仿揖让进退……他们玩得尽兴，学得认真。

孟母看到了，高兴地说："我儿子可以在这个地方长期居住下去了！"

不同朝代的教育机构有不同的叫法，比如夏代叫"校"，殷商时代叫"序"，周代叫"庠（xiáng）"。"校""序""庠"都是推行教育的地方。《孟子·梁惠王上》中有这样的话："谨庠序之教，申之以孝悌之义。"

孟母三迁，终于给儿子找到了一个有利于他健康成长的地方。

因为母亲正确的选择，孟子还没入学，就已受到正规教育的熏陶了。

---

① 俎豆：俎和豆都是古代祭祀、设宴用的器具。

孟母断机

我们再来看看"孟母断机"的故事。

有一种说法是：孟轲曾从邹国游学到鲁国，成为子思的弟子的学生。子思是孔子的孙子，孔子的儿子叫孔鲤，孔子还在世时，孔鲤已经死了。子思得孔子真传后，便把孔子的学说教给他的弟子。

进入孔门读书在当时是一件非常荣耀的事。

孔门老师因材施教、循循善诱，对学生非常严格。

相传有一天，孟轲不堪学习之累，早早跑回了家。

孟母正在"咣当咣当"地织布，看到孟轲，问："你怎么这么早就回来了？"

孟轲说："老师的规矩太多，我不想受他的拘束了！"

孟母立即起身，拿起一把剪子，把织了一半的布"咔嚓"一下剪断了。

孟轲吃惊地问："母亲怎么能这样做？前边织的，岂不都废了？"

孟母说："我剪断正在织的布，就像你对学习半途而废一样！"

孟轲大惊失色，内心受到了极大的震动。

孟母继续说："织不成布，就没有衣服穿；不好好学习，就永远成不了人才。"

孟轲恍然大悟——母亲教给了他一个重要的人生道理：要成大器，必须经过艰难困苦的磨炼！

孟轲立即返回学校，再苦再累，也孜孜不倦地学习、学习、再学习！

孟轲成为孔门得意的弟子，他掌握了孔子学说的精髓。

汉代著名历史学家刘向在《列女传》中记载了孟母教子的事迹，并给孟母加了这样的颂词：

孟子之母，教化列分。处子择艺，使从大伦。
子学不进，断机示焉。子遂成德，为当世冠。

孟母也作为典故出现在后世大诗人的笔下。

杜甫："缥缈苍梧帝，推迁孟母邻。"（《奉送十七舅下邵桂》）

苏东坡："杯盘惯作陶家客①，弦诵常叨孟母邻。"（《潘推官母李氏挽词》）

《三字经》里有这样的话："人之初，性本善。性相近，习相远。苟不教，性乃迁。教之道，贵以专。"接下来举的例子，就是孟母对孟子的教导："昔孟母，择邻处。子不学，断机杼。"

孟母教子是中国古代教育史上的典范，现在邹城孟庙还有"孟母断机处"碑。

---

① 杯盘惯作陶家客：这里的典故出自中国古代另一位贤母——陶侃之母。据说陶侃因家贫无法待客，陶母就剪掉头发去卖，换回米来热情待客。

四书五经：儒家经典。"四书"是《论语》《大学》《中庸》《孟子》的合称。"五经"指《诗》《书》《礼》《易》《春秋》，保存有中国古代丰富的历史资料。

亚圣：指孟子。意思是孟子在儒家学派中的地位、影响仅次于孔子。

韦编三绝：孔子晚年反复研读《周易》，以致穿连竹简的皮带断了好几次。后来用"韦编三绝"形容读书勤奋。出自《史记·孔子世家》："孔子晚而喜《易》……韦编三绝。"

因材施教：根据受教育者的不同情况，采用相应的内容和方法施行教育。出自《论语·为政》。

浩然之气：一种至大至刚的精神状态和道德境界。出自《孟子·公孙丑上》："我善养吾浩然之气。"

叁

孙叔敖

强国廉吏出自无私少年

春秋时期，东周王室衰微，诸侯争霸。这一时期的霸主有齐桓公、晋文公、楚庄王、吴王阖闾（Hélǘ）、越王勾践等。

我们现在使用的很多成语都与诸侯争霸期间发生的故事相关。比如"一鸣惊人"。

"一鸣惊人"的故事有很多，我来讲一个比较常见的。

据说，楚庄王即位之初，整日看美女轻歌曼舞，不问政事。大臣伍举进谏，以隐语指出："山丘一鸟，三年不飞不鸣，这是什么鸟呢？"

楚庄王回答："此鸟三年不飞，飞则冲天；三年不鸣，鸣则惊人。"

说完这番话，楚庄王继续玩乐。

大夫苏从进谏："君行正道，则国家富强；君事淫乐，则国家必亡。"

楚庄王醒悟，立改前非，任用伍举、苏从等人，使得国势日强，终成霸业。

在楚庄王称霸过程中，治国安民非常重要，而楚国令尹 ① 孙叔敖就是对"治楚"起到举足轻重作用的一个人。

这位楚国名臣，少年时以打死两头蛇闻名。

---

① 令尹：楚国掌握军政大权的官职。

"循吏第一"

中国历史上清正廉洁、奉公守法的好官常被老百姓称为"清官"。在官方史书里,这样的官吏叫"循吏"。

西汉之前有过多少官吏?像天上的星星数不清。司马迁《史记·循吏列传》写了春秋战国时期的几位好官,如郑国列大夫子产、楚昭王相石奢、晋国理官李离等。不过,司马迁把孙叔敖列在了第一位。

司马迁认为,法令是用来引导人民向善的,刑罚是用来阻止民众作恶的。当国家的政令和刑罚不完备时,如果善良的百姓依然心存敬畏地自我约束,那就是因为为官者行为端正。官吏只要奉公守法、按制度行事,就可以做百姓的榜样。治理好天下,何必用严刑峻法?

身为楚相的孙叔敖特别注意教化百姓,因而楚国上下和睦,风俗淳美。官吏不为非作歹,民间也没有盗贼。

孙叔敖并不千方百计地迎合楚王，而是根据老百姓的需要决策。

司马迁举了一个孙叔敖处理政务的例子。

楚庄王觉得楚国的钱币太轻，就下令把小钱改铸成大钱。百姓用起大钱来很不方便，于是纷纷放弃了自己的本业。管理市场的人向孙叔敖报告："楚王改钱币后，市场一片混乱，老百姓不能安心做买卖，秩序不稳定。"

孙叔敖问："这种情况持续多久了？"

答曰："三个月了。"

孙叔敖说："你回去吧！我很快叫市场恢复秩序！"

孙叔敖上朝对楚王说："先前更换钱币，是因为旧币太轻。现在市令反映说市场混乱，百姓不能安心谋生，秩序不稳定。臣请求恢复钱币原来的规格！"

楚庄王同意了，于是颁布命令，恢复旧币。

三天后，市场恢复了繁荣。

司马迁说："孙叔敖出一言，郢（yǐng）市复。"

孙叔敖致力于发展生产，修建水利工程，移风易俗。楚国国威大增。楚庄王一度饮马黄河，问鼎中原，终成霸业。

"伯乐"的家人犯罪咋处置？

孙叔敖自幼潜心学习。父亲去世后，他隐居在家。当时的令尹虞丘子向楚庄王推荐孙叔敖："孙叔敖虽然年轻，但是很有才能。他道德修养很好，没有私欲。大王要是让孙叔敖辅佐朝政的话，他能把国家治理得很好，老百姓也会拥护您。"楚庄王接受了虞丘子的请辞和荐举，重用了孙叔敖。孙叔敖能一跃成为楚国的高级官员，多亏了"伯乐"虞丘子的举荐。

相传有一天，孙叔敖接到一桩棘手的案子：有人触犯了国法，按照法律应该斩首，而罪犯恰好是虞丘子的家人。案件报请孙叔敖定夺。

有人劝孙叔敖："虞丘子对您有荐贤之恩，如果您杀了他的家人，就会有人觉得您恩将仇报。这对您的名声不利。"

可是，如果不杀犯罪当斩者，岂不是徇私枉法？

孙叔敖面临两难选择：按律断案，对不起恩人；轻判，

对不起国法、人民。

孙叔敖对劝他的人说："谢谢您的提醒。虞丘子荐举我当令尹，是让我报效国家的，我决不可因徇私情而坏了国家法度。作为国家重臣，我只有秉公执法，处处为君王和百姓着想，才算是大仁大义！"

孙叔敖以国法为重，将罪犯处斩。

这件事震动了楚国上下。

大家由此知道了孙叔敖不徇私情、严格执法。于是楚国吏治越发清明，人民生活也越来越安定。

对孙叔敖有恩的虞丘子怎么看这件事？

虞丘子对楚庄王说："孙叔敖奉公执法、不徇私情，的确是位善理国政的贤才！"

楚庄王称赞说："这是因为您慧眼识真才！"

据说，孙叔敖为相期间，亲自编修《仆区》——楚国的刑书。他健全法制，秉公执法，在执政中十分注重法治和公平，因此他受到朝野上下的敬重。

孙叔敖还特别能虚心接受来自民间的建议。

西汉刘向的《说苑·敬慎》里有一则孙叔敖的逸事。

孙叔敖当上令尹时，前来祝贺的人络绎不绝。

有个穿着麻布衣服、戴着白帽子的老人来到孙叔敖府上。

孙叔敖整理好衣冠出来相见，对老人说："楚王不知道我没有贤德，让我当相，人们都来祝贺，只有您独自来吊唁（yàn），莫非有什么见教吗？"

老人说："是有话说。身份高贵但待人傲慢的人，人民会离开他；地位很高但擅弄职权的人，君主会厌恶他；俸禄很多但不知足的人，祸患会和他共处。"

孙叔敖向老人拜了两拜，说："我聆听并接受您的指教，愿意听您余下的教诲。"

老人说："地位越高，越要为人谦恭；官职越大，越要小心谨慎；俸禄已很丰厚，就不应索取分外财物。如果您能严格地遵守这三条，就能把楚国治理好了！"

孙叔敖回答说："您说得真对，我会牢记在心的。"

《中国历史大事典》在《孙叔敖治楚》里总结——

孙叔敖的原则有三：

位高而意益下，
官大而心益小，
禄厚而益慎取。

孙叔敖杀两头蛇和胡亥踩鞋

孙叔敖能成为治国名臣，得益于他自身的修养，以及家长从小对他的教育。

汉初著名思想家、教育家贾谊在《新书·春秋》中，把孙叔敖和秦二世胡亥幼年的故事进行了对比，以此说明幼年教育的重要性。

我们先来看看孙叔敖的故事。

有一天，年幼的孙叔敖外出游玩，回到家后闷闷不乐，连饭也不想吃。

他的母亲问："孩子，你为什么这么不高兴？"

孙叔敖边哭边对母亲说："我今天在外边看到一条两头蛇，我的死期不远了。"

当时有一种迷信的说法：见到两头蛇的人会遭遇不幸。

母亲问："那条蛇现在在哪儿？"

孙叔敖说："我听说见到两头蛇的人会死。我担心再有人看到它，就把蛇杀死，严严实实地埋起来了。"

母亲说："儿子不要害怕！我听说经常做好事的人，他的人生会充满福气。"

人们听说了这件事，都纷纷赞扬："小小孩子，太仁义了！"

看见两头蛇会遭遇不幸当然是没有科学依据的，但这件事却表现出孙叔敖的无私、善良。

孙叔敖后来做了楚国的令尹。他上任前就已经在楚国享有很高的威望了。

我们再来看看胡亥的故事。

有一次，秦王大宴群臣。群臣上宫殿前都把鞋子整整齐齐地摆放在宫殿前的阶上。公子胡亥看到这些精致的鞋子，就走下宫殿，把鞋子一只一只踩坏了。

这件事传到列国，诸侯无不叹息！

幼年胡亥恶意捣毁美好事物，这样心性顽劣的人长大后从政能有什么好结果呢？

数代秦王辛辛苦苦做出的功绩，秦始皇好不容易建立的秦朝，偏偏交到了胡亥手里。

秦始皇三十七年（前210年），秦始皇病逝，遗诏长子扶苏治丧。大臣赵高联合李斯，假传圣旨逼扶苏自尽，拥立胡亥登基。作为一国之君，胡亥本该奋发向上，而他登基后却不改幼年踩鞋的恶劣品性，只知享乐，不想好好治国，使大权旁落到赵高手里。赵高想要叛乱，害怕群臣不听从他，就预先设下计谋试探他们。他献给秦二世一只鹿，说："这是一匹马。"二世说："丞相错了吧？把鹿说成是马。"赵高又问左右大臣，大臣们有的缄默不语，有的说是马，有的说是鹿。赵高就暗中陷害那些说是鹿的人。这就是"指鹿为马"的故事。从这以后，大臣们惧怕赵高，听任赵高胡作非为，秦二世也无所作为。

《史记·秦始皇本纪》记载，秦始皇宣布："朕为始皇帝，后世以计数，二世，三世，至于万世，传之无穷。"然而曾经威震天下的秦国，到秦二世气数已尽。

秦朝因幼年教育缺失的秦二世而衰落。

而孙叔敖因幼年教育得当，长大后成为楚国栋梁。

由此可见，少年时的教育能够影响一个人的未来，也关涉到国家的命运。

文史小知识

春秋五霸：春秋时期先后称霸的五个诸侯，史学界主要有以下几种说法：1.指齐桓公、晋文公、楚庄王、吴王阖闾、越王勾践；2.指齐桓公、宋襄公、晋文公、秦穆公、楚庄王；3.指齐桓公、晋文公、秦穆公、楚庄王、吴王阖闾；4.指齐桓公、宋襄公、晋文公、秦穆公、吴王夫差。

楚庄王问鼎：楚庄王时期，楚国成为南方的一大强国，图霸中原。前606年楚庄王挥师北伐，经过周室京畿（jī），周定王派王孙满前去慰劳楚军。楚王骄横，向王孙满"问鼎之大小轻重"。楚王问鼎，有觊觎周室之意。后来就用"问鼎"比喻图谋帝王权位，现在也指在比赛中夺得冠军。

词句学习角

指鹿为马：比喻颠倒黑白，混淆是非。出自《史记·秦始皇本纪》。

肆

司马迁

太史公的终极追求

在二十四史中，《史记》位列第一。《史记》卓绝的文笔让它在中国文学史上有重要地位。它不仅代表了汉代文学的重要成就，也是传记文学的范本。"史家之绝唱，无韵之《离骚》"① 这句无比精妙的话，点出了《史记》在历史和文学两大领域的崇高地位。

与《左传》不同，《史记》是纪传体通史，记载了上自传说中的黄帝，下至汉武帝时期关系到历史发展进程的事件和人物。《史记》篇末"太史公曰"的内容，是司马迁对他描写的事件、人物的评论，这一部分被称为"史记论赞"。

光耀千古的"太史公"司马迁是怎样炼成的呢？

---

① 鲁迅对《史记》的评价。

司马谈"命子迁"：写史为大孝

有人说，如果没有司马谈的"命子迁"，就没有《史记》。

那么"命子迁"是什么？和《史记》又有什么关系？

"命子迁"是西汉初年司马谈临终时给儿子司马迁留下的遗言。

据说在元封元年（前110年），汉武帝赴泰山封禅，司马谈身染重病。在弥留之际，司马谈给儿子司马迁交代了一件对他们家族来说极为重要的事。究竟是什么事呢？

司马谈是西汉的太史令，其职责是掌管国家典籍、管理文书和记载史事等。他查阅国家藏书，广泛涉猎各种资料，立志撰写一部史书。然而，愿望还没达成，身体却不行了。

司马谈躺在病床上奄奄一息。他流着泪，对赶来探望的儿子司马迁说："我们的先祖是周朝的太史。我们家族写史的传统，今天会断在我手里吗？……如今，我作为一名史官，却不能尽到写史的职责，内心惶惧不安。孩子，我死后，你一定要接着做太史令，接续我们家族的事业，只有这样，才是真正的孝顺！"

听到父亲的临终之言，司马迁含泪回答："儿子虽然驽笨，但我会详细编纂（zuǎn）先人整理的历史旧闻，不敢有缺漏。"他下决心，一定要完成这部历史巨著。

司马谈对司马迁的这段临终嘱托就是著名的"命子迁"。

《史记》的《太史公自序》里有这样的话："且夫孝，始于事亲，中于事君，终于立身。扬名于后世，以显父母，此孝之大者。"

这段话大致的意思是：孝道这件事情，从孝顺父母开始，以此上升到忠于君王和国家，最终成就一番事业。青史留名，振兴祖业，造福国家，这才是人间大孝。

为完成父亲的遗愿，司马迁发愤写《史记》，最终名垂青史。

良史家庭的美好传统

司马谈对司马迁说："我们家族有写史的传统。"后来司马迁在《史记·太史公自序》中比较详细地叙述了司马家的世系、家学，以及自己的遭遇、志向和著书经过。

司马氏自周宣王时开始掌管周史。后来司马氏分散到诸侯国。到汉代，司马谈担任太史令。

司马谈青年时代就博览群书，并向当时的各派大儒学习。他向唐都学习天文，向杨何学习《易经》，向黄子学习道家理论。身为太史令，他认为一个史官必须通晓各学派的主要观点，要知道它们对在什么地方、错在什么地方。阴阳家、儒家、墨家、名家、法家、道家六家的要旨殊途同归，都致力于探讨如何达到太平治世。

司马谈把史官要博览群书、博采众长的理念传给了司马迁。

司马迁（约前145或前135—？），字子长。据说他十岁就随父亲诵读古文并师从当世大儒，曾跟经学大师董仲舒学习《公羊春秋》，向孔安国学习《尚书》。十几岁时他读"万卷书"。到弱冠之年，在父亲的指导下，司马迁开始行"万里路"。他游历江淮地区，登会稽山，探查禹穴，游览九嶷（yí）山，泛舟沅（yuán）水、湘水。他还北渡汶水、泗水，到齐、鲁两地访问名贤，探讨学问，考察孔子遗风……

司马迁饱览名山大川，遍访民间逸闻，积累了大量资料。在司马谈"命子迁"时，司马迁已经为做"良史"储备了比较充分的知识。更重要的是，司马迁从司马家族一代一代英杰的经历中，从父亲的言传身教中懂得了如何做人、如何做史官。

做正直无私的人，做秉笔直书的史官！

史官通常讲究"冷静记载"，司马迁的文笔却常常热血奔涌。比如，我在读《项羽本纪》时会感受到司马迁对虽败犹荣的英雄项羽，对追随英雄的美女虞姬有如水般的柔情。还有，我每次读《史记·白起王翦列传》总会隐隐感到太史公对为秦国建立不朽功勋却被迫自杀的名将白起有份特殊的亲近和惋惜之情。当我无意中读到《史记·太史公自序》才明白，原来司马错的孙子司马靳（jìn）是秦国名将白起的得力干将。白起本来可以一鼓作气继续征战，而秦相范雎担心白起功高盖己，便向秦王进谗言，最终使得司马靳和白起都被赐死。司马迁在记载白起的功勋时，不由自主地把对自己先祖的一份敬重表现出来。

仗义执言遭酷刑

司马谈去世三年后，司马迁被任命为"太史令"，这使他能够仔细阅览皇家收藏的珍贵资料。

司马迁不专注于"室家之业"，也断绝"宾客之知"，而是日夜思考如何忠实写史。没想到，意外发生了。

汉初名将李广的孙子李陵是汉武帝的大将，司马迁和他没有私交，但司马迁认为李陵是位奇士——"事亲孝，与士信，临财廉，取予义，分别有让，恭俭下人，常思奋不顾身，以殉国家之急"。司马迁说李陵能孝敬父母，诚信待友，廉洁奉公，讲究礼义，宽厚待下人，为国家奋不顾身。

在一次战斗中，李陵带不满五千的士兵深入匈奴腹地，与单于连续作战十几天，杀匈奴数千人。汉军弹尽粮绝时，李陵振臂一呼，士兵仍与匈奴拼死战斗。李陵最终被俘，降于匈奴。

当李陵得胜时，公卿王侯纷纷向皇帝敬酒祝贺。他兵败投降匈奴后，汉武帝食不甘味。公卿王侯发现皇帝不高兴了，都不知所措。

汉武帝问司马迁："你对李陵有什么看法？"

司马迁劝慰汉武帝，希望他可以全面公正地看待李陵。他说李陵率五千人杀敌数千，还"能得人死力，虽古之名将，不能过也。身虽陷败，彼观其意，且欲得其当而报于汉。事已无可奈何，其所摧败，功亦足以暴于天下矣"。司马迁认为，尽管李陵在势穷力孤时降敌，但是他对汉朝的历史功绩依然不可磨灭。

然而汉武帝听了大怒，认为司马迁替李陵开脱，下令处罚司马迁，将司马迁打入大牢。司马迁将被处以宫刑。

宫刑又叫腐刑，即阉割犯罪者，是仅次于死刑的酷刑。

当时，罪犯可以用金钱赎刑，以免除刑罚。

然而司马迁是清官——清贫之官、清寒之官，没有钱给自己赎刑。

司马迁一心治史，没交上几个有权势的朋友，"交游莫救，左右亲近不为一言"！

司马迁遭受了极其非人道、极其屈辱的刑罚！

这个刑罚不仅摧残身体，而且对人的精神也是一种极大的打击。

奋斗不息功在千秋

遭受酷刑后的司马迁思考：活着，还是死去？

司马迁思考后，留下千古名言：

　　　　人固有一死，或重于泰山，或轻于鸿毛。

　　受完酷刑的司马迁继续关注古往今来的历史事件、历史人物，思考他们的命运。周文王、李斯、韩信、彭越、张敖、周勃、季布、灌夫……这些身至王侯将相，声闻寰（huán）宇的人，都曾遭遇人生重创，古今一体，受到屈辱的又岂止我一个？

　　一个人如果想名垂青史，必须生命不息，奋斗不止！

　　司马迁悟出了激励了无数身处逆境之人的至理名言：

古者富贵而名摩灭，不可胜记，唯倜傥非常之人称焉。盖文王拘而演《周易》；仲尼厄而作《春秋》；屈原放逐，乃赋《离骚》；左丘失明，厥有《国语》；孙子膑脚，《兵法》修列；不韦迁蜀，世传《吕览》；韩非囚秦，《说难》《孤愤》；《诗》三百篇，大底圣贤发愤之所为作也。

这段话的大意是：古时虽富贵但名字磨灭不传的人多得数不清，只有卓异不凡的人才能闻名于世。西伯姬昌被拘禁而推演出《周易》；孔子受困窘而作《春秋》；屈原被放逐写了《离骚》；左丘明双目失明，才有了《国语》。孙膑被剜去膝盖骨，才把《兵法》撰写出来；吕不韦被贬谪（zhé）蜀地，后世才流传着《吕氏春秋》；韩非被囚禁在秦国，写出《说难》《孤愤》；《诗》三百篇大都是一些圣贤之人抒发愤懑（mèn）而写的。

他蒙受屈辱，遭受白眼，独身一人，孤苦伶仃，形影相吊！

然而，他却将自身的遭遇与前贤的命运联系起来，思考后得出结论：

我身为太史公的职责还没完成！

历史等待我继续观察研究！历史经验等待我去总结！历史人物等待我去描写！

个人的苦难放在历史长河中是微不足道的！

我要顽强地活着，笔耕不辍，奋斗不息！

这段经历使司马迁看清了封建专制制度的弊端，也使他著史的信念更加坚定。

出狱后，司马迁继续不遗余力地收集历史资料，综述历史事件，考订史料的真实性，总结各个朝代的兴衰经验，终于写成了不朽的史学巨著。

《史记》包括十二本纪、十表、八书、三十世家、七十列传，共一百三十篇。它记述了从传说中的黄帝至汉武帝三千年左右的历史，并且为后世开辟了新的史书体裁：纪传体。

受父亲嘱托的司马迁希望自己写的历史能够"究天人之际，通古今之变，成一家之言"。只要这个任务还没完成，他就必须努力，所以他"就极刑而无愠色"，始终不改初心！

于是，我们国家有了第一部纪传体通史，当代中小学语文课本和大学文学史教材里有了精金美玉般的《史记》选篇……

全世界的史学巨匠看司马迁，像仰望天上的明星。

《左传》：又叫《左氏春秋》，是儒家经典。相传是春秋时期左丘明所作，多用事实解释《春秋》，是一部编年体史书。书中保存了大量古代史料，是一部中国古代史学和文学名著。

《报任安书》：又叫作《报任少卿书》，西汉司马迁所作。此文表达了他受刑后的苦痛心境，并提到写作《史记》的意图和决心，是研究司马迁生平的重要资料。这篇文章情辞激愤，也是书信体抒情散文的优秀之作，对后世影响很大。

心向往之：形容对某人或某些事物心里很仰慕。《史记·孔子世家》："虽不能至，然心乡（向）往之。"

失之毫厘，差以千里：比喻因细小的错失而终铸成大错。《史记·太史公自序》："故《易》曰：'失之豪厘，差以千里。'"豪，通"毫"。

王羲之

书圣的修炼之路

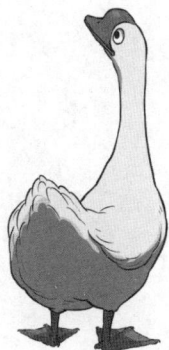

汉字是有着悠久的历史和广泛影响力的文字。

汉字书法是表现汉字之美的中国传统艺术。

汉字书法中主要的书体有：篆书、隶书、楷书、行书、草书。

东晋王羲之（303 年—361 年）[①] 在学习篆字、隶字的基础上，不仅把汉字书法中的今草推向高峰，而且树立了汉字行书的典范。他在书法艺术中的地位至今也难有人能替代。

这位被尊为"书圣"的人物是从少年时的苦读苦修一步一步走过来的。

① 关于王羲之的生卒年，有的说法是他生于 307 年，卒于 365 年，还有一种说法是他生于 321 年，卒于 379 年。

旷世奇作《兰亭集序》

　　我上中学时学过《兰亭集序》，当时就觉得它的文字美极妙极。班上的很多同学能背诵。

　　名作不朽，《兰亭集序》现在仍然在语文课本里。

　　《兰亭集序》又名《临河序》《禊（xì）帖》《兰亭序》等。东晋永和九年（353 年）三月三日，当时担任会稽内史的王羲之与友人谢安、孙绰等四十一人会聚兰亭，赋诗饮酒。

　　我十几岁时就好奇：《兰亭集序》既然是"集"的序，那"集"里肯定就有许多诗歌，这些诗歌都是谁写的？上大学后发现，这些诗歌都出自当时名家之手，怪不得王羲之要说"群贤毕至"。

　　王羲之吟出一首：

　　　　代谢鳞次，忽焉以周。

欣此暮春，和气载柔。

咏彼舞雩（yú），异世同流。

乃携齐契，散怀一丘。

王羲之的这首四言诗，像一场高级诗歌研讨会的开幕词，它温文尔雅地告诉朋友们：有这样的良辰美景，大家可以敞开心扉，尽情抒发情怀。

参加这次修禊活动的谢安是东晋名臣。喜爱游山玩水的他也来参加这场聚会。面对崇山峻岭，溪流急湍，他吟出两首诗，其中有一首表达了一位大政治家宁静淡泊的胸怀，具有很高的艺术水准：

相与欣佳节，率尔同褰（qiān）裳。

薄云罗阳景，微风翼轻航。

醇醪（láo）陶丹府，兀若游羲唐。

万殊混一理，安复觉彭殇（shāng）。

谢安的弟弟谢万吟出的一首四言诗是：

肆眺崇阿，寓目高林。

青萝翳（yì）岫（xiù），修竹冠岑。

谷流清响，条鼓鸣音。

玄崿（è）吐润，霏雾成阴。

其他人如著名的文学家孙绰等，也纷纷参与吟诵。王羲之又写了几首诗，我挑选了一部分摘录如下：

悠悠大象运，轮转无停际。

陶化非吾因，去来非吾制。

…………

三春启群品，寄畅在所因。

仰望碧天际，俯磐（pán）绿水滨。

…………

…………

虽无丝与竹，玄泉有清声。

虽无啸与歌，咏言有余馨。

取乐在一朝，寄之齐千龄。

合散固其常，修短定无始。
造新不暂停，一往不再起。
于今为神奇，信宿同尘滓。
谁能无此慨，散之在推理。
言立同不朽，河清非所俟。

　　王羲之的诗反映出当时盛行的玄学理念。天地悠悠，人生短暂，有什么东西能永远流传下去？我们这些志同道合的朋友今天在绿水边吟的诗，后人能知道吗？

　　大家七嘴八舌地表示：与其各自回去回忆记录自己的诗，还不如把诗集中起来，以结集的方式纪念今天的盛况。我们就把诗集叫《兰亭集》好不好？既然是诗集，就得有人写序，这件事王羲之当仁不让！

　　在文人雅士的聚会上，笔墨往往都是现成的。众人把各自的诗作写下来，竟然能有数十首！而后大家三三两两散步聊天，看山看水看云去了。

　　据说王羲之此时微醺，稍加思索后，文不加点，一篇《兰

亭集序》挥洒而出：

永和九年，岁在癸（guǐ）丑，暮春之初，会
于会（kuài）稽山阴之兰亭，修禊事也。群贤毕至，
少长咸集。此地有崇山峻岭，茂林修竹，又有清流
激湍，映带左右，引以为流觞曲水，列坐其次。虽
无丝竹管弦之盛，一觞一咏，亦足以畅叙幽情。

是日也，天朗气清，惠风和畅。仰观宇宙之大，
俯察品类之盛，所以游目骋怀，足以极视听之娱，
信可乐也。

夫人之相与，俯仰一世。或取诸怀抱，悟言一
室之内；或因寄所托，放浪形骸之外。虽趣舍万殊，
静躁不同，当其欣于所遇，暂得于己，快然自足，
不知老之将至；及其所之既倦，情随事迁，感慨系
之矣。向之所欣，俯仰之间，已为陈迹，犹不能不
以之兴怀，况修短随化，终期于尽！古人云："死
生亦大矣。"岂不痛哉！

每览昔人兴感之由，若合一契，未尝不临文嗟
悼，不能喻之于怀。固知一死生为虚诞，齐彭殇为

妄作。后之视今，亦犹今之视昔，悲夫！故列叙时人，录其所述，虽世殊事异，所以兴怀，其致一也。后之览者，亦将有感于斯文。

《兰亭集序》首先言简意赅地记述了集会的时间、地点及与会人物，接着描绘了兰亭所处的自然环境——从大处落笔，由远及近，转而由近及远，写得层次井然、历历如画，然后抒发诗人们的情怀。

众人看到王羲之的序，惊讶不已！

据说当时谢安说：千年之后，吾等尸骨朽尽，此文依然光辉灿烂，甚或超过今日！

一点儿不错！《兰亭集序》已经持续灿烂了一千多年，无论是在文学方面，还是在书法方面，它都能在不同时代被发掘出新的价值。

《兰亭集序》给后世留下了许多精粹美妙的词语：群贤毕至、少长咸集、崇山峻岭、茂林修竹、清流激湍、流觞曲水、天朗气清、惠风和畅、情随事迁、感慨系之、俯仰之间……

《兰亭集序》更是中国古代杰出的书法作品，令后世书法家惊叹不已。

《兰亭集序》字体遒（qiú）媚劲健，整体笔飞墨舞，达到了极高的艺术境界。其中每一个"之"字都别具一格，实在是太神妙了。

《兰亭集序》以行书书写，柔中有刚，秀中带硬，堪称"神品"。宋代大书法家米芾（fú）称《兰亭集序》为"天下第一行书"。它是中国书法史上的一座难以被逾越的高峰。

我们现在看到的《兰亭集序》恐怕不是王羲之的真迹。

关于《兰亭集序》真迹的去向，比较常见的是下面这种说法：真迹原来保存在王羲之的儿孙手中，传到唐代，被酷爱王羲之书法的唐太宗访到。唐太宗爱不释手，视之为至宝。唐太宗去世时，就遗命把《兰亭集序》真迹作为殉葬品带到坟墓里了。

王羲之学书"三步走"

　　王羲之精湛的书法造诣得益于他年少学书的经历。

　　居住在南京乌衣巷的"王""谢"两家是东晋极有名望的家族。

　　"王"指琅邪王家。

　　"谢"指陈郡谢家。

　　王、谢两家经常在会稽活动。

　　刘义庆的《世说新语》记载了大量王、谢家族的逸事。

　　王羲之，字逸少，是淮南太守王旷和夫人卫氏之子。

　　王家是中国文化史上著名的孝义之家。王羲之的曾祖父是王览，他曾千方百计地保护受到自己母亲虐待的同父异母哥哥——《二十四孝》中给继母"卧冰求鲤"的王祥。王羲之幼年时，北方战乱频频，王氏家族南迁。

　　王羲之在王旷的安排下开始学书。

　　"书"包括两方面的内容：一方面是我们现在说的"传统文化"，另一方面是书法。

　　王羲之和本家子弟一起读书。对经典的学习铺就了王羲之以儒学为基础的价值观——积极入世，忠孝简约，仁义和平。另外，他又热爱自然，放任性情。王羲之课余博览群书，读大量的诗歌、辞赋，甚至还读农学、数学方面的书。

　　东晋时期选官基本靠推荐。家族显赫、品行良好、会写文章、擅长书法是获得推荐的重要条件。

　　当时的世族子弟学好书法，就像现在的学生高考考进"985工程"或"211工程"大学一样，能让家族感到荣耀。

　　王羲之是怎么学书法的呢？相传他分了三步。

　　第一步是拜当时著名的书法家卫夫人为师。

　　王羲之姨母卫铄（shuò）是书法名家。王羲之几乎每天散学后，都会到姨母身边学习书法，回家刻苦练习后再请"姨母导师"批改作业……卫夫人的指导有助于王羲之奠定良好的书法基础。

　　第二步是向家中长辈学习。王羲之的父亲王旷、叔父王廙（yì）都是有名的书法家。据说，王旷指点王羲之临摹家中收藏的名人碑帖拓片，并和王廙一起教王羲之如何运笔。

相传王羲之刻苦练习书法，因清洗毛笔，池塘里的水都变成了墨色。

有一则小故事可以让我们看到王羲之对书法的痴迷，以及家庭对他的影响。相传王羲之七岁时就写得一手好字。十二岁时，他偶然发现父亲的枕头沉甸甸的，像是藏了什么东西。他打开一看，原来是本前人论述书法的书——《笔说》。他偷偷地读了，发现里边的论述十分精彩，令他茅塞顿开，于是他反复阅读。父亲发现王羲之的书法突飞猛进，在得知他偷偷阅读了《笔说》后，就把《笔说》送给了他。

王羲之学习书法的第三步是寻访前人真迹，博采众长。

我们先简单看一下书体的演变。小篆在秦朝建立后被推广使用。汉至魏晋时期，隶书、楷书通用于世，出现了蔡邕、钟繇等书法大家，他们的作品被广泛收藏。东晋基本延续了前代的书体。书法界有这样的说法：汉隶不衫不履，章草简约优雅，魏碑沉稳遒劲。

据说，王导把钟繇的《宣示表》送给了王羲之，王羲之如获至宝。为了见识更多名家真迹，王羲之渡江北，游名山，访察李斯、蔡邕、钟繇等名家书迹，开始意识到自己此前学习的不足。于是他遍学众碑，书艺大进。他摆脱了汉、魏以来的书法风格，创造了新体，把书法推向全新的境界。他的笔势开放俊朗，结构十分严谨；他的字飘若浮云，矫若惊龙。

王羲之不仅精通书法各体，更能自成一家，开创了具有独特风格的王派书法。王羲之的书法，楷书中的《黄庭经》《乐毅论》比较有名；行书中除了代表作《兰亭集序》，《快雪时晴帖》《丧乱帖》也很出色；草书中的《十七帖》尤为传神。世人常用曹植《洛神赋》中的句子赞美王羲之的书法——"翩若惊鸿，婉若游龙。荣曜秋菊，华茂春松。仿佛兮若轻云之蔽月，飘飖（yáo）兮若流风之回雪"。

王羲之官至右军将军、会稽内史，人称王右军。王羲之对高官厚禄的兴趣远比不上对书法艺术的热爱，后来他称病归隐，专攻书法去了。

坦腹东床和书成换鹅

书圣王羲之给后世留下了许多有趣的故事。

名门才女郗（xī）璿（xuán）嫁给王羲之是中国文化史上的一段佳话。"东床快婿"一词就来源于此。

我们来一起看看这个故事吧！

身为朝廷重臣兼著名书法家，郗鉴在当时的声望极高。

郗鉴有个美貌的女儿已经成年，他开始着手为爱女择婿。

郗鉴与同为朝廷重臣的王导情谊深厚。郗鉴听说王家子弟个个才貌俱佳，心想：如果能从王家挑个女婿，岂不是很理想？

一天，郗鉴把择婿的想法告诉了王导。

王导说："您到我家里挑选吧，您相中谁就是谁！"

郗鉴命人组成"佳婿考察团"，带上重礼到了王府。

王府子弟早就闻知郗璿的美丽和才学——如果能娶到这

位才貌双全的小姐，背靠她那地位显赫的父亲，将来什么样的锦绣前程没有？

听说郗家派人到王府觅婿，王府子弟都仔细打扮了一番，希望能被挑选上。

王府的公子一个一个都玉树临风。

郗府的人商量来商量去，拿不定主意，不知道回去如何汇报。

机会难得，可不要有遗漏啊！

郗府管家问王府管家："府上的公子都到了？"

王府管家说："只有一位没来，他自个儿待在东边的房间里呢。"

郗府管家很好奇：什么样的公子能对郗大人觅婿都无动于衷？

郗府管家请王府管家领着"考察团"来到东边房间。

只见有个青年在床上敞开衣襟吃饭。

郗府管家回到府中，对郗鉴说："王府公子听说郗府觅婿，都争先恐后来应征，唯有东边有位公子，敞着衣襟，若无其事。"

郗鉴说："快领我去看。"

郗鉴来到王府，见到王羲之豁达文雅、气度不凡，当场认定他为佳婿。

从"坦腹东床"的故事可以看出王羲之胸怀坦荡，纯真率直，不慕权贵。他成名后"书成换鹅"的故事可以让我们进一步了解他的价值观。

据说王羲之特别喜欢白鹅，因为白鹅的优雅姿态能带给他启发，使他能更加自如、更加舒展地运笔。

相传有一次，王羲之出外游玩看到一群很漂亮的白鹅。他很想买下这些白鹅，以便时时观察它们悠然自得的样子。他一问才得知这些鹅是附近一个道士养的。于是王羲之找到那个道士。那个道士听说大名鼎鼎的王羲之要买鹅，便说："只要你能为我抄一部《道德经》，我便将这些鹅送给你。"王羲之欣然答应。

一部由大书法家书写的《道德经》和一群白鹅显然是不等价的，但是王羲之并不把世俗的价值放在心上。

文史小知识

《晋书》：唐代官修的纪传体史书，共计130卷，记载了西晋和东晋的历史。《晋书》所记载的史实具有很高的价值，是了解两晋历史的重要著作。

《世说新语》：古小说集，作者是南朝刘义庆，主要记载汉末至东晋士大夫的言谈、逸事，反映了当时的社会风气。《世说新语》语言精练，辞意隽永，对后代笔记文学有很大影响。

流觞曲水：古人每逢夏历三月上旬的巳日（三国魏以后定为夏历三月初三日），会在水边相聚宴饮，认为这样可以祛除不祥。后来人们效仿古人，在环曲的水流旁宴饮：在水的上流放置酒杯，让它顺流而下，酒杯停在谁的面前，谁就拿起杯子饮酒，这叫作"流觞曲水"。

词句学习角

入木三分：形容书法笔力强劲，也用来比喻见解、议论深刻。相传晋代王羲之在木板上写字，墨汁透入木板有三分深。出自唐代张怀瓘《书断·王羲之》。

刘晏

从诗赋神童到朝廷重臣

一个八九岁的孩子能写出像样的诗赋，已经很不简单了，如果他还能被任命为朝廷官员，岂不是奇迹？更令人惊异的是，这个神童成年后，还一步步成为一代重臣！

按照常见的说法，中国古代选拔人才的科举制度开始于隋，完善于宋。以明清时期为例，我们来看一下读书人在通常情况下进入仕途的路径吧。

应考生员之试者被称为童生；

府、州、县、学的生员被称为秀才；

乡试考中者为举人；

会试考中者为贡士；

贡士参加殿试，合格者为进士。

进士中的佼佼者，比如头名状元、二名榜眼、三名探花通常可进入翰林院任职，其他进士一般可以担任七品官。

为了尽早发现人才，唐代初年设立了专门选拔神童的科

举项目"神童科"，皇帝还会亲自鉴别、提拔神童。盛唐时
的刘晏就是从神童成长为国之重臣的。

唐玄宗提拔神童

《三字经》里有这样的话：

> 唐刘晏，方七岁。举神童，作正字。彼虽幼，
> 身已仕。

这段话的意思是：唐代刘晏，年纪只有七岁，通过了神童科考试，被授予"正字"官衔。他虽然年幼，却已经做官了。

《三字经》说刘晏做官时是七岁，不过有当代学者考证，刘晏担任"正字"时是九岁。

刘晏（718年—780年），字士安，曹州人。他天资聪颖，相传五六岁时已能写诗。他的父亲刘知晦自知自己前途渺茫，就对儿子寄予很大期望，盼望他早日脱颖而出。

开元十三年（725年），机会来了。唐玄宗到泰山封禅，

驻于行宫。

在帝王封禅之际，官员和士子往往可以上书言事。如果得到了皇帝青睐，就有可能被提拔。

刘晏被曹州官员作为神童推荐给唐玄宗。

刘晏献给唐玄宗《东封书》，颂扬唐玄宗封禅，歌颂唐玄宗治国有方，使得百姓安居乐业。

唐玄宗好奇地浏览了一番《东封书》，不相信这气定神闲、文采飞扬的文字会出自一个小孩之手。他把《东封书》递给宰相张说（yuè），对他说："你亲自试试此子的才气。"

张说是什么人？他是唐玄宗信任的宰相，"燕许大手笔"①之一，还是载入中国文学史的大诗人。

张说当场对刘晏进行考察。

刘晏出色的表现让张说惊讶不已，于是他向唐玄宗汇报："国瑞也！"

按照当时的观念，神童的出现是国家的祥瑞。

唐玄宗任命刘晏为"秘书省正字"。

秘书省是当时负责管理国家藏书、修撰国史的中央机构。

---

① "燕许"是燕国公张说、许国公苏颋（tǐng）的并称。当时朝廷重要文章多出自两人之手。

据《新唐书·百官志》，秘书省设有监、少监、丞、秘书郎、校书郎、正字等职。其中正字的职责是"雠（chóu）校典籍，刊正文章"。秘书省地位很高，正字虽然只有九品，却前程远大。

刘晏这么一个不到十岁的孩子成了九品官，还是被许多文士向往的"正字"。这件事立即轰动京师，传遍全国。

公卿士大夫和文人雅士纷纷来跟这个小"正字"交朋友，刘晏的名声越来越响。《新唐书·刘晏传》说："公卿邀请旁午①，号神童，名震一时。"

著名诗人李颀（qí）后来回忆刘晏早年的荣耀：

　　新诗数岁即文雄，上书昔召蓬莱宫。

　　明主拜官麒麟阁，光车骏马看玉童。

　　　　　　　　　　——选自《送刘四赴夏县②》

---

① 邀请旁午，意思是四面八方都来邀请。
② 刘四指刘晏，唐代人常用在家中的排行称呼男性；夏县是刘晏担任县令的地方。

帝妃成神童"粉丝"

关于少年刘晏是如何受到皇帝青睐的，还有一个有趣的传说。

有一次，唐玄宗在勤政楼大设声乐、罗列百戏。唐玄宗把刘晏召到楼上，让他跟妃嫔一起观看。一名妃子还把刘晏揽到膝上，给他抹粉施黛。

唐玄宗想拿小神童取乐，故意问："既然你是'正字'，那你改正了多少字啊？"

即便是对成年读书人来说，这也是个刁钻古怪的题。

刘晏应声回答："天下字皆可正，唯'朋'字未正得。"

刘晏的这个回答通常被认为是一语双关。首先，用不同的书法字体写下"朋"字时，这个字往往倾斜到一边。第二，"朋"暗指"朋党"。刘晏在这里暗讽朋党相互勾结的时弊。

一个十岁左右的娃，思维竟如此敏捷！

和皇帝的一问一答，显示出刘晏过人的聪慧。

这次表演的重头戏是教坊名伶王大娘的"百尺竿头"。王大娘头顶高竿，竿上有象征着瀛洲和方丈的两座木山①。有个小孩儿在山中出入，载歌载舞。

刘晏随皇帝和妃嫔兴致勃勃地看着这个复杂而惊险的杂技节目。

突然，一名妃子令刘晏即席写诗，咏王大娘的戴竿之戏！

刘晏应声口占一绝：

楼前百戏竞争新，唯有长竿妙入神。

谁谓绮罗翻有力，犹自嫌轻更著人。

这首诗音韵铿锵，十分应景地把长竿戏的玄妙和高难度描绘了出来。

唐玄宗和妃嫔们听了，欢笑不已。

唐玄宗下令赏赐刘晏！

---

① 瀛洲、方丈是古代神话里的仙山。

苦读·诤友·能名

　　刘晏年纪虽小却头脑清醒。他没有因幸运和得宠而忘其所以。他不热衷和达官显宦交游嬉戏，而是利用在秘书省的有利条件发愤读书。

　　秘书省有在民间看不到的各种珍贵典籍，京城有来自全国各地的儒学高手、诗坛名家。这是多好的自我提升的机会啊！

　　刘晏跟大诗人王昌龄、李颀交往密切。这两位在文学史上留名的诗人用生花妙笔写下了他们对刘晏的欣赏：

> 良友呼我宿，月照悬天宫。
>
> 道安风尘外，洒扫青林中。
>
> 削去府县理，豁然神机空。
>
> 自从三湘还，始得今夕同。
>
> 旧居太行北，远宦沧溟东。

各有四方事，白云处处通。

  ——王昌龄《洛阳尉刘晏与府掾诸公茶集天宫

        寺岸道上人房》

  李颀在《送刘四》诗中写刘晏"尔来屡迁易，三度尉洛阳"，还有"听讼破秋毫，应物利干将。辞满如脱屣（xǐ），立言无否臧"。李颀在《送刘四赴夏县》中写刘晏"一朝出宰汾河间，明府下车人吏闲。端坐讼庭更无事，开门咫尺巫咸山。男耕女织蒙惠化，麦熟雉鸣长秋稼"。

  王昌龄和李颀的诗歌让我们知道刘晏在担任正字之后，做过洛阳尉，做过夏县县令。在任上，他恪尽职守，造福一方，在百姓中有很高的威望；在官场，他有良好的官声和"能名"。《新唐书·刘晏传》也写道："（刘晏）所至有惠利可纪，民皆刻石以传。"

理财圣手

安史之乱末期，刘晏得到朝廷重用，开始担任如户部侍郎、盐铁使、铸钱使等重要官职。

唐玄宗相中的神童，此时成了唐王朝的"财神爷"。《资治通鉴》中说："晏善治财利，故用之。"

安史之乱平定初期，大唐王朝经济形势很不乐观：人口锐减，国库空虚，京城米价上涨。刘晏兢兢业业，力撑危局，他兼任度支使等要职，还被任命为吏部尚书、同平章事。

刘晏被一次一次重用，因为唐王朝的经济重责，很难有人比他更能胜任。

他主要进行了什么改革呢？

一是疏浚河道，重兴漕运，使凋敝的经济复苏。

二是盐政改革，使朝廷盐利收入大增。到了大历末年，盐利已占据国家收入相当大的比重。

刘晏采取的一系列改革取得了成效。他运用商品经济的规律去发展经济，丰富税收来源，使国库收入大大增长。《新唐书·刘晏传》记载，到唐代宗时，"大历时政因循，军国皆仰晏"。

而刘晏始终住在粗朴简陋的房子里，家里的活儿都是家人自己动手。刘晏平时也只吃粗茶淡饭，不吃山珍海味。《刘宾客嘉话录》记载了一件他的逸事：

天寒地冻的一天，刘晏在上朝途中买到一个热蒸饼。他就用袍袖包起来，一边吃一边说："美不可言！美不可言！"一个国家的财计重臣竟然因为吃到一个热蒸饼而乐不可支！

从刘晏以神童身份任官职起，他一共服务了四个唐朝皇帝（唐玄宗、唐肃宗、唐代宗、唐德宗）。特别是安史之乱后，他通过改革增加税收，稳定物价，恢复经济，为大唐建立了不朽功勋。然而，他却在建中元年（780 年）被唐德宗的亲信杨炎构陷，先被贬放忠州，后被处死。

唐王朝顿失栋梁，《资治通鉴》记载："天下冤之。"

九年后，唐德宗为刘晏平反，追赠他为郑州刺史，加封他为司徒。

修身、齐家、治国、平天下：出自《礼记·大学》，简称"修齐治平"。儒家提出的关于个人道德修养与治理国家关系的伦理学说。在中国古代的道德标准中，修身养性是根本，以此为基础，在家庭中就能做到长幼有序，到社会上就能做到尊卑有别；用这样的准则治理国家就能实现政治稳定，天下太平。

六部：中国古代中央行政机构的合称，分别是吏部、户部、礼部、兵部、刑部、工部。

词句学习角

百尺竿头：高竿的顶端，泛指高处。比喻学问、事业有很高的成就。

诤（zhèng）友：也作"争友"，指能直言规劝的朋友。

范仲淹

文武双全　教子有方

范仲淹（989 年—1052 年）不仅是北宋名臣，还是著名的文学家。他的《渔家傲·秋思》脍炙人口；他的《岳阳楼记》是千古名篇，篇中的"先天下之忧而忧，后天下之乐而乐"是家喻户晓的千古名句。

宋仁宗时，范仲淹官拜参知政事，地位相当于副宰相。范仲淹特别注重家庭教育，他的四个儿子都很有成就，其中次子范纯仁在宋哲宗时官拜尚书右仆射兼中书侍郎。范纯仁为官清正廉洁，人称"布衣宰相"。

武能治国、文能安邦

我上中学时，课本里就有范仲淹的《渔家傲·秋思》：

塞下秋来风景异，衡阳雁去无留意。四面边声
连角起，千嶂里，长烟落日孤城闭。　　浊酒一杯
家万里，燕然未勒归无计。羌管悠悠霜满地，人不
寐，将军白发征夫泪。

我们先来看一下周宗奇《忧乐天下：范仲淹传》对这首
词的介绍：

据魏泰在《东轩笔录》中说，这首被欧阳修誉
为"穷塞外之词"的《渔家傲·秋思》原为组词，
有数阕，皆以"塞下秋来"为首句，但流传至今的

却只有此一首。有评家如是说："作为两宋边塞词之滥觞，这首《渔家傲·秋思》剑走偏锋，风骨道劲，把民族命运、动荡时局填入词曲，景中有情，情中有景，以其守边的实际经历首创边塞词，有王维《使至塞上》诗'大漠孤烟直，长河落日圆。萧关逢候骑，都护在燕然'的千古悲凉，更有'小范老子胸中自有百万甲兵'的冲天豪迈，一扫花间派柔靡无骨的词风，为苏、辛豪放词风导夫先路。"

这位评家要言不烦地讲了范仲淹《渔家傲·秋思》在文学史上的重要地位。这首词的出现使当时在文坛上占据重要地位、专写花前月下的花间词派受到了冲击。这首词也成为宋词重要的流派——豪放派的先声！

《渔家傲·秋思》写塞下景象：雁去而人不得去，"四面边声"威胁着宋朝将士；写保卫边疆之难：守城将士入夜坚守，千嶂落日，孤城自闭，透着悲壮甚至悲凉之气；写将士的情感：羌管之声凄切，满地寒霜，戍边将士忧国思乡，夜不成寐。全诗意境苍凉，对情感的表达也极为到位。

正是因为范仲淹有书生挂帅、沙场点兵的亲身经历，他

才能写出这首著名的词。人们常常只把范仲淹当成文学家，其实，他是北宋中期武能定国、文能安邦的大政治家、军事家。

范仲淹在宋真宗大中祥符八年（1015 年）考中进士后，被任命为广德军司理参军。经过几十年官场沉浮，范仲淹在康定元年（1040 年）被任命为陕西经略副使。范仲淹熟读兵书，延州成了他大展雄才的地方。

当时西夏重兵侵犯宋朝的延州，宋军大败，名将刘平被俘。名臣韩琦向皇帝推荐范仲淹，于是，范仲淹与韩琦共同执掌陕西军务。

韩琦和范仲淹都是北宋中叶抗击西夏的名将，他们在陕西威名很高，被称为"韩范"。边塞地区有这样的说法："军中有一韩，西贼闻之心骨寒；军中有一范，西贼闻之惊破胆。"

但是在如何对待西夏的问题上，范仲淹跟韩琦却有较大分歧。韩琦主张集中兵力进攻西夏。他的主张被宋仁宗采纳。范仲淹认为出兵不利，应该先加强边防，择要害据守，屯兵养田，做持久防御之计。范仲淹向皇帝阐述了他的积极防御主张，提出对西夏强敌要"实则避之，虚则攻之"，"为今之计，莫若且严边城，使之久可守；实关内，使无虚可乘"，建议在凤翔、同州等要害处各屯兵两三万人，西夏兵至，只是据险坚守，不和他们交战，西夏兵也不敢深入。这样，宋朝边境可以长久安宁。

韩琦希望和范仲淹协同出兵，一举歼敌。范仲淹坚持"严边城"，"修堡寨"，"实关内"等主张，严密防守不出兵。

韩琦想彻底消除宋朝西北边患的愿望是好的，但是当时宋朝并不具备完全消灭西夏的实力。

康定二年（1041年），西夏以精兵攻渭州，韩琦令任福率军迎击西夏军。西夏军假装败退，任福率兵追至好水川西口。突然，西夏伏兵四出，攻打宋阵，宋军死者无数。西夏军又断宋军之后，任福力战，身中十余箭，被西夏兵刺中左颊，绝喉而死，阵亡宋军达万人之多。宋朝遭受这次惨败后，对西夏改为守势，不再轻言进攻。

这就是宋朝历史上著名的"好水川之战"，这场战役证明了进攻的主张是错误的。

在积极防御的同时，范仲淹练精兵，瞅准时机，主动出击。筑大顺城是他"武能定国"的一个范例。

当时庆州之东、延州之西有深入宋朝境内百余里的西夏辖地，西夏又筑金汤、白豹、后桥三寨作为西夏人出入之地。范仲淹调任庆州知州后，打算在庆州城西北的马铺寨筑城。

马铺寨是后桥川的出入口，在西夏腹地。范仲淹知道如果宋军在这个地方筑城，就会卡住西夏的咽喉要道，西夏人必定来争，于是秘密派遣他的长子范纯祐和番将赵明率兵先占据马铺寨，自己引兵随后。范仲淹带领宋军走到柔远寨时，范仲淹突然下令在马铺寨筑城。宋军仅用十天就建成了城，命名"大顺"。西夏发现大顺扼住了他们的冲要，就以三万骑兵来攻，然后假装退兵并设下埋伏，想歼灭宋军。范仲淹下令：不许追击！范仲淹筑大顺城后，环庆一线的敌军越来越少。

宋仁宗庆历三年（1043年），范仲淹被授予参知政事，主持改革。范仲淹针对当时朝廷的弊病，给皇帝上疏，提出十项改革方案，即《答手诏条陈十事》。他主张建立严格的仕官制度，并主张均公田，注重农桑生产，整顿武备，减轻徭役等。这些主张抑制了大官僚、大地主的特权，有利于选拔人才、发展生产、保护边疆，使广大百姓受益。这些主张被宋仁宗采纳，并颁行全国。这就是"庆历新政"。

因为庆历新政侵犯了大官僚大地主的利益，遭到他们的强烈反对，不久即罢。

新政受挫，范仲淹离开京城。之后几年，他又在邓州、杭州、青州等地任职。皇祐四年（1052年），范仲淹带病去颍（yǐng）州赴任，途中逝世。宋仁宗亲书其碑曰"褒贤之碑"。范仲淹谥号"文正"，所以世称他为"范文正公"。

范仲淹教子

　　《渔家傲·秋思》《岳阳楼记》的作者不仅是名垂青史的大政治家、军事家，还是杰出的教育家。

　　范纯仁（1027 年—1101 年），字尧夫，是范仲淹的次子，宋仁宗皇祐元年（1049 年）考中进士。宋哲宗时，他官拜尚书右仆射兼中书侍郎。

　　范纯仁是在父亲范仲淹的言传身教下成长起来的。在父亲的严格管教下，他有着良好的操守和品行。几年前，中央电视台推出了《百家说故事》栏目。这个栏目请文史方面的专家讲故事，每个故事限时三分钟。讲述历史名人的故事是对当代人颇有教益的一件事。我讲了十讲，其中一讲《范仲淹教子节俭》是这样讲的。

　　一说到范仲淹，大家都会想起他的《岳阳楼记》，其中那句"先天下之忧而忧，后天下之乐而乐"可谓传颂千古。

范仲淹不仅是一位大文学家，也是一位很有建树的政治家、军事家，可是，这个"文能安邦，武能定国"的人，竟然会因为一顶幔帐差点与儿子翻脸，这是怎么回事呢？

据民间传说，范仲淹的二儿子范纯仁准备成亲了，范仲淹把儿子叫到身边，说："你结婚时不能添置昂贵的家具和华丽的衣服，要和普通人家一样从俭办婚事。"范仲淹要来成亲置买物品的清单，发现在清单中有一顶丝绸幔帐。尽管这对范家来说算不得奢侈之物，可范仲淹却责问儿子："婚姻虽然是人生大事，但还是需要节俭！怎么可以借着人生大事而奢侈浪费呢？"

听了父亲训斥，范纯仁满面羞愧，急忙解释："这是女方父母提出的要求，孩儿碍于长辈情面没有拒绝。"

范仲淹勃然大怒，说："我们范家素来简朴清廉，怎么能让丝绸幔帐败坏我们的家风呢？你要是敢带进家门，我就当众烧了。"

最终，范纯仁的婚礼办得十分俭朴。

范仲淹教导儿孙做人要正心修身，与人为善，忠诚耿直，谦逊谨慎。他告诫子孙："吾所最恨者，忍令若曹享富贵之乐也。"

从一船麦子看家风

范仲淹父子虽然生活节俭，但能急人之困。有一则逸事特别能说明这一点。

有一次，范仲淹让儿子范纯仁到苏州去运回一船麦子。那时候，范纯仁还很年轻。范纯仁随麦船返回时，暂停在丹阳，他见到了熟人石延年①。范纯仁问他为什么停留在此，石延年说自己逢亲之丧，无力运灵柩回家。范纯仁听了，便将一船麦子全送给了他，让他作回乡的费用。范纯仁只身回到家中。因为送掉一船麦子，不好向父亲交代，他在父亲身旁站立良久，始终未敢提起此事。

范仲淹问儿子："你这次到苏州有没有碰到朋友？"

---

① 石延年：字曼卿，北宋文学家、书法家，他的诗在宋中叶很有影响。唐代诗人李贺《金铜仙人辞汉歌》有"天若有情天亦老"，文人雅士以此句为上联做对子，石曼卿对"月如无恨月长圆"，众人佩服。欧阳修在《祭石曼卿文》中赞扬他的盖世才华。

范纯仁回答："我在丹阳遇到了石曼卿。他因为没钱把亲人的灵柩运回乡，所以耽搁在了丹阳。真是境遇窘迫。"

范仲淹立刻对儿子说："为什么不把麦船送给他呢？"

范纯仁听父亲说出这话，心里一阵轻松，回答范仲淹道："我已经送给他了。"

从这件事中可以看出范仲淹父子乐善好施的品性。在这样的家风的引导下，范纯仁为人热情慷慨，为官廉洁朴素。《宋史》说他"自为布衣至宰相，廉俭如一"。

范纯仁的廉洁朴素源自对范家良好家风的继承。让我们看看范仲淹的《家训百字铭》吧：

孝道当竭力，忠勇表丹诚。

兄弟互相助，慈悲无边境。

勤读圣贤书，尊师如重亲。

礼义勿疏狂，逊让敦睦邻。

敬长与怀幼，怜恤孤寡贫。

谦恭尚廉洁，绝戒骄傲情。

字纸莫乱废，须报五谷恩。

作事循天理，博爱惜生灵。

处世行八德，修身奉祖神。

儿孙坚心守，成家种善根。

参知政事：古代官名。唐贞观十三年（639年），以尚书左丞刘洎为黄门侍郎、参知政事。其后，非三省长官而加参知政事者，即为宰相。北宋乾德二年（964年）设参知政事为副宰相，辅助宰相处理政事。元代行中书省也设参知政事，为行省的副长官。明洪武九年（1376年）废此官职。

西夏：我国古代少数民族党项族拓跋氏于1038年建立大夏王国，宋人称之为西夏。最盛时，占据今宁夏、陕西北部、甘肃西北部、青海东北部和内蒙古西部一带。1227年为元所灭。

正身修心：修养品性、端正心态。出自《大学》"修身先正心"的思想：要想修养自身品德，首先要端正心态。只有心态正直、纯净，才能以正确的视角看待世界、对待他人和自己。

夷简：平易质朴。夷，平坦、平易；简，简省、质朴。

捌

包拯

从家训说起

作为一名古代官吏，宋代包拯（999 年—1062 年）的名气在今天也很大。

在老百姓心目中，包拯就是清正廉洁的化身。

传说因为他长得黑，就被亲切地称为"包黑子"。

以包拯为原型的人物形象长期活跃在荧幕、舞台上。有关他的剧目数以百计，且盛演不衰，有关他的电视剧也层出不穷。

那么，历史上的包拯是个什么样的人呢？

我们从他的家训说起。

包绶与《包拯家训》

包拯一生清正廉明，被后人敬仰。包拯晚年时，给家人留下一笔丰厚的财富，这笔财富使包氏家族的后世子孙都受益。这到底是怎么回事呢？

宋徽宗崇宁四年（1105 年），官员包绶在出任谭州的途中身染重病，突然去世。

包绶是受皇帝器重的官员，他在赴任途中突然去世，让随从官员措手不及。

为了料理他的后事，人们打开了包绶的行李。在整理他的遗物时，大家被深深地震撼了。

据说在包绶的遗物中，除了任命状，就是一些书籍、文具和很少的生活必需品。人们没有找到什么值钱的东西。

没有值钱的东西，有钱吗？

还真有，据说在包绶的口袋里，人们发现了 46 枚铜钱。

靠这样的"财富"，包绶的日子过得有多清苦！

相传因为他是包拯的后代，包绶年幼的时候就被皇帝赐官。

看到被朝廷器重的官员仅留有 46 枚铜钱，人们简直不敢相信自己的眼睛，于是纷纷猜测：不到 50 岁的包绶是不是连病带饿而死的？

包拯去世前不是留给子孙后代一笔财富吗？包绶至于过得这么穷吗？

原来，包拯给后世子孙留下的财富不是钱，而是一则家训：

后世子孙仕宦，有犯赃滥者，不得放归本家；

亡殁（mò）之后，不得葬于大茔（yíng）之中。

不从吾志，非吾子孙。

据说包拯将家训刻在石碑上，立于堂屋东壁，以此告诫后世子孙：今后当官，若犯有贪污受贿劣迹者，一律不准放归老家，死了也不得葬于祖坟；不照我的家训办事，便不是我的子孙。

这则家训就是包家子孙巨大的精神财富。

以包绶为代表的包氏子孙，保持了清正廉洁的家风。家风正，则民风淳；民风淳，则国风清。

好的家风家训，会成为一个人一生的航标。这也是包拯受后世传颂敬仰的原因所在。

在中央电视台《百家说故事》栏目里，河北大学的韩田鹿教授讲过《包绶与〈包拯家训〉》。

有一种说法是包绶并非包拯的亲生儿子，而是包拯兄弟的儿子到他名下"承嗣①"的。

包拯晚年就立太子的事向皇帝奏本时曾说："臣年七十，且无子。"

①　承嗣：过继做儿子。

宋代名臣包龙图

宋真宗咸平二年（999年），包拯生于合肥，宋仁宗天圣五年（1027年）考中进士。因父母年迈，包拯请求在家乡附近任职，于是朝廷把他派到和州。然而父母不想让他离开身边，包拯便回家赡养父母。几年后，他的父母相继去世，包拯在双亲的墓旁筑起草庐守孝。守丧期满，他仍然不肯离开。在同乡父老多次劝慰下，包拯才在景祐四年（1037年）出仕，获授天长知县。

几年后，包拯调任端州知府。端州出产砚台，此前的知府往往趁着向皇帝进贡的时候，敛取远超规定进贡数额的砚台赠送当朝权贵。包拯下令：端州仅按贡数制造砚台。他在任期间，自己没拿一方砚台回家。

庆历三年（1043年），包拯在京任监察御史里行。

包拯认为：朝廷每年送给契丹财物不是安外的长久之策，

应该操练军队、挑选将领，充实边境守备。

庆历五年（1045年）八月，包拯奉命出使辽国。回朝后，包拯根据自己在辽国的观察，上疏建议朝廷挑选"素习边事"的将领守边。

后来，包拯被授为天章阁待制、知谏院。他多次请求免去权贵们享有的由内廷施予的不合理的恩赐。他又递上唐代魏徵的三条奏疏，希望皇帝可以借鉴。他还希望皇帝能明于纳谏，分辨朋党，爱惜人才。他还请求正刑法，明禁令，废止兴建劳作，严禁妖言妄说等。包拯的主张，朝廷大多予以施行。

当时，皇亲张尧佐被任命为淮康军节度使、宣徽南院使等多个职务。包拯等人向皇帝上奏，认为张尧佐德才不足以担任这么多重任，应追回朝廷对张尧佐的任命，选择宣徽使、节度使中的一个授予。包拯对皇亲国戚不讲情面，震动了朝野。

皇祐四年（1052年），包拯被加封龙图阁学士。

几年后，年近六旬的包拯到开封府任职。

嘉祐六年（1061年），包拯官拜枢密副使。

嘉祐七年（1062年）五月，包拯突然得病，不久逝世。据说宋仁宗亲临吊唁，为包拯辍朝一日，追赠他为礼部尚书。

包拯的谥号为"孝肃"。

因包拯曾任天章阁待制、龙图阁直学士，故世称"包待制""包龙图"。

包拯有《包孝肃奏议》传世。

"黑脸包公"

　　包拯生前就在社会上享有盛誉，他的事迹被人们广泛传颂。他廉洁公正、不附权贵、铁面无私、英明决断，敢于替百姓鸣不平，有"包青天"之名。他在世时，京师有"关节不到，有阎罗包老"之语；他去世后，人们更把他理想化和艺术化，衍生出许多关于他的逸闻传说。南宋时已经有以包拯为原型的故事了；元杂剧中有大量的包公戏，如《陈州粜米》；此后又有小说《龙图公案》《三侠五义》流行……包拯逐渐成为家喻户晓的传奇人物。

　　中国有上百种戏剧，只有为数不多的传统剧以某部名著命名。比如"三国戏""水浒戏""西游戏"分别以《三国演义》《水浒传》《西游记》命名。还有以某个人物命名的传统戏，比如"昭君戏""包公戏"，这种情况非常少见。

　　大致来看，在各类文艺作品中，包拯的情况通常是：他从小被父母丢弃，由长嫂养大，所以他称长嫂为"嫂娘"；他长期掌管开封府，对皇亲国戚、达官显宦、地方豪强等有权有势者不讲情面；开封府大堂设三口铡刀——龙头铡、虎头铡、狗头铡，分别用来处斩不同身份的罪犯；他的护卫是王朝、马汉、张龙、赵虎，他还有两个得力的属下——师爷公孙策、带刀护卫展昭。

在一些文艺作品中，他还能进入阴司审案，甚至有"日断阳、夜断阴"的"特异功能"。

我们来看一看京剧舞台上的几出精彩的包公戏吧。

铡美案

读书人陈世美考中状元被招为驸马，结发妻子秦香莲带子女到京城找他，他非但不认，还想杀妻灭子。秦香莲到开封府告状，包拯缉拿了陈世美。尽管太后到场阻止包拯审判驸马，但是包拯铁面执法，宁可丢乌纱帽，也坚决依法处决了陈世美。

铡判官

少女柳金蝉被歹徒所害，其未婚夫被县官毫无根据地判为杀人凶手。包公为断明冤案，到"阎罗殿"追查柳金蝉到底命丧何人之手。判官恰好是凶手的舅舅，他徇私改了"生死簿"，还将柳金蝉藏在阴山后。包公巡游"地府"，查明真相，将枉法判官处斩。

打龙袍

包拯在陈州放粮回京路上，遇到一个瞎婆告状。瞎婆说她是当年受到陷害流落民间的皇后，是当今皇帝的生母。包拯探明真相后，巧妙使得皇帝母子相认。太后令包拯拷打不孝之子，包拯用打龙袍代替打皇帝执法。

赤桑镇

因为侄儿包勉贪赃枉法，包拯将其处斩。嫂子到赤桑镇向包拯问罪。包拯深情讲述他铁面无私的理由，得到嫂子谅解。

这些包公戏的内容，有没有能从历史上找到依据的？一件也没有。

　　胡适先生解释过这种"包公现象"：

　　　　历史上有许多有福之人。一个是黄帝，一个是周公，一个是包龙图。……

　　　　包龙图——包拯——也是一个箭垛式人物。古来有许多精巧的折狱故事，或载在史书，或流传民间，一般人不知道他们的来历，这些故事遂容易堆在一两个人的身上。在这些侦探式的清官之中，民间的传说不知道怎样选出了宋朝的包拯来做一个箭垛，把许多折狱的奇案都射在他身上。包龙图遂成了中国的歇洛克·福尔摩斯①了。

---

① 歇洛克·福尔摩斯：英国小说《福尔摩斯探案全集》里的神探，小说作者柯南·道尔。

文史小知识

枢密使：官名。宋代以枢密使为枢密院长官，与同平章事等合称"宰执"，共同负责军国要政。枢密院长官或称"知枢密院事"，简称"知院"。其副职称"枢密副使"，或"同知枢密院事"。

词句学习角

明察秋毫：秋毫，秋天鸟兽身上新长的细毛。指目光敏锐、观察入微，连最微小的东西也能看到，用以形容人能洞察事理。出自《孟子·梁惠王上》："明足以察秋毫之末。"

欧阳修

从画荻学字到领袖文坛

　　欧阳修（1007年—1072年）是宋代文学史上开创一代文风的文坛领袖，也是著名的政治家。他不但是唐宋八大家之一，更与韩愈、柳宗元、苏轼一起被后人合称"千古文章四大家"。欧阳修流传下来的名篇佳句数不胜数，如以《醉翁亭记》为代表的叙事抒情散文，以《朋党论》为代表的说理文章，以及以《生查子·元夕》为代表的词作。谁能想到这位才华横溢的大文学家，幼年时却是在地上画荻学书的呢？

　　一个贫弱少年是如何成为政坛元老，又是如何在文坛领袖群伦的呢？

画荻学写字　巧遇韩昌黎

　　欧阳修四岁时，父亲欧阳观突然在泰州判官任上去世，母亲只好投奔在随州做官的小叔。

　　母亲郑氏经常在河边教四岁的欧阳修写字。

　　用什么"笔"呢？荻秆。

　　荻是多年生草本植物，生在水边，秆直立。

　　它在白居易《琵琶行》里出现过："浔阳江头夜送客，枫叶荻花秋瑟瑟。"

　　郑氏从河边折下一根荻秆，去掉叶子，做成了一支光滑的"笔"。

　　欧阳修按母亲教的，一笔一画地在地上写字。

　　"上、中、下、天、地、人……"

　　从简单到复杂，不管什么字，欧阳修一学就会。

　　每个字都有特殊的意义，太神奇太有趣了！

认识许多字后，郑氏一句一句地教欧阳修读诗词：

"风暖鸟声碎，日高花影重。"

"晓来山鸟闹，雨过杏花稀。"

…………

幼年时背的这些诗，浅显晓畅，易学易记，欧阳修晚年时仍能背诵。

很多名家都有这样的体会：少年时背诵的名篇名句，像化入血液的营养，随时会为写作提供"养分"。

相传，因无钱请师，郑氏便随时随地给儿子找"老师"。她惊喜地发现，在这个偏僻小城的孔庙里竟有名家的碑文！从此，欧阳修经常默默守在碑前，一个字一个字地辨识、学习。

没钱买书，他就到当地的读书人家借书。每借来一本好书，欧阳修就模仿名家的字体，一笔一画地抄下来，边抄边记诵。

随州李家有丰富的藏书。欧阳修跟李家的儿子是好朋友，他们经常一起读书，一起玩耍。据说，十岁那年，欧阳修在跟小伙伴们玩耍时，发现了一个装满旧书的破筐！

几个小家伙把破筐抬出来，看看有没有自己喜欢的书。

忽然，欧阳修眼前一亮，他发现了一本韩愈的作品集！

他向李家长辈请求："能不能把书借给我？"得到的回

答是："送给你啦！"

这本"脱落颠倒无次序"韩愈的作品集从此伴随着欧阳修。

《师说》《原毁》《进学解》《马说》……

"云横秦岭家何在？雪拥蓝关马不前。"①

"天街小雨润如酥，草色遥看近却无。"②

…………

有人说，欧阳修能成为唐宋八大家中宋代六人的"领头羊"，很大程度是因为受到韩愈的影响。

---

① 出自韩愈的《左迁至蓝关示侄孙湘》。
② 出自韩愈的《早春呈水部张十八员外》。

连中"三元" 巧用"三上"

　　欧阳修除了学习他热爱的韩（愈）、柳（宗元）古文并熟读古代经典外，还认真学习、揣摩科举考试所需要的"时文"。因为文名渐起，他得到了著名文人胥（xū）偃等人的提携。

　　功夫不负有心人。年轻的欧阳修通过科举考试的层层关卡，曾在短短的时间三登榜首：国子学广文馆试第一名、国学解试第一名、礼部省试第一名。

　　欧阳修连考第一，靠的是苦读诗书，但他不是死记硬背，而是在读书过程中坚持独立思考。这在他参加礼部考试时体现得特别明显。

　　天圣八年（1030年）正月，欧阳修参加礼部考试。题目是出自《周礼》的《司空掌舆地图赋》。司空是古代官名，且不止一个朝代设有此官。欧阳修觉得，这个考题出得模糊——它是指哪个朝代的司空呢？

宋代以文治国，礼部考试有个尊重考生的规定：考生如果觉得考题有问题，可以到主考官的帘前"上请"。

帘官恰好是"太平宰相"晏殊。他当时已是著名文学家。

晏殊出这个题目，就是想看看在芸芸众生中有没有人能独立思考。

听到这个瘦弱青年提出的疑问，晏殊大喜，说："我出这个考题，就是希望考生能从细微处发现问题，不枉读经书。全场考生，只有你看懂了我的题目！"

考试完毕，欧阳修一举夺魁。

按照规定，晏殊无法关照任何考生。欧阳修能考第一，完全凭他那人见人爱的锦绣文章。

当欧阳修以门生的身份到晏府拜师时，晏殊才惊喜地发现：头一名就是那个敢对考题提出疑问的瘦弱青年！

欧阳修从此步入仕途。经过官场沉浮，他于庆历五年（1045年）被贬至滁州。在滁州，"白发苍颜"的他写下了《醉翁亭记》。之后，他辗转多地为官，还出使辽国。后来，欧阳修又担任了如礼部贡举、枢密副使等官职。嘉祐六年（1061年），欧阳修任参知政事，成为"副宰相"。

欧阳修虽有繁多的公务在身，却能潜心读书，并见缝插针地写作。

欧阳修在《归田录》卷二中说：

　　　余平生所作文章，多在三上，乃马上、枕上、厕上也。

欧阳修的"三上"，即马上、枕上、厕上。这三个常见而易被人忽视的时间段却特别有利于欧阳修构思文章。"三上"从此成为世人津津乐道的典故。欧阳修将旅途中、睡前和如厕的点滴时光用在读书和构思文章上。

他还专心考察各地的石刻遗迹，撰有研究石刻文字的专书《集古录》。

在历史学领域，他参与编修《新唐书》，撰写《新五代史》。

欧阳修的《居士集》选录了他平生所写的文字，共五十卷。

这些成果都是他用毕生精力字斟句酌，呕心沥血写出来的。

欧阳修晚年主动辞去官职。好不容易清闲下来，他不去游山玩水，也不宴饮作乐，而是经常愁眉紧锁地修改年轻时写的文章。夫人劝他："你已经功成名就，何必自讨苦吃，难道你还怕先生责怪你吗？"

欧阳修笑着说："不畏先生嗔，却怕后生笑。"

"不畏先生嗔，却怕后生笑"不仅表现出欧阳修对自己作品精益求精的态度，还反映出他对文学传承和创新的深刻理解。

文坛领袖　奖掖后进

真正有本事的人，能欣赏其他有本事的人；

能写好文章的人，会欣赏他人的好文章。

当时参加科举考试被录取的考生会以"门生"的身份拜主考官为"恩师"。

欧阳修的门生众多，其中有很多位在中国文学史上闪耀着光芒。

宋代科举主要分为解试、省试、殿试。为了确保公平，防范作弊，宋代采取了严格的考试和阅卷制度。我们来看一下省试的情况。

考场由皇宫侍卫严守，考生凌晨入场，黄昏时分方可离开考场。

进入阅卷环节后，首先要"糊名"。考卷被收取后交给编排官；编排官遮盖住考生籍贯、姓名，将考卷编号，交封

弥官；封弥官将考卷誊写好后，还负责将誊写卷与原稿核对，核对无误后加盖御书院印章。

然后，由考官判卷，定出等第后，交覆考官再定等级。

接下来，由详定官启封，参照两次判卷的结果决定等第，再把试卷交还编排官。编排官揭去糊名，恢复姓名、籍贯，确定录取名单。

欧阳修的《礼部贡院阅进士就试》就写下了考场中考生答卷的场景：

> 紫案焚香暖吹轻，广庭清晓席群英。
>
> 无哗战士衔枚勇，下笔春蚕食叶声。
>
> 乡里献贤先德行，朝廷列爵待公卿。
>
> 自惭衰病心神耗，赖有群公鉴裁精。

一次，有个考生写了一篇数百字的《刑赏忠厚之至论》来阐述如何以仁治国。他指出执政者应以长者之道待天下，必须赏罚分明，要立法严、责人宽。当可赏可不赏时，要赏；当可罚可不罚时，不要罚。奖赏重了不失为君子，惩罚过了就成了残忍，只有这样才能实现文治昌明的理想社会：

有一善，从而赏之，又从而咏歌嗟叹之，所以乐其始而勉其终。有一不善，从而罚之，又从而哀矜惩创之，所以弃其旧而开其新……可以赏，可以无赏，赏之过乎仁；可以罚，可以无罚，罚之过乎义。过乎仁，不失为君子；过乎义，则流而入于忍人。

——选自《刑赏忠厚之至论》

据说著名诗人梅尧臣发现了这篇好文章，兴奋不已。他把这篇文章推荐给主考官欧阳修。欧阳修读罢，惊喜异常。这篇文章充满了仁爱思想，有真知灼见；谈古论今潇洒透辟，笔力雄健，有古文大家的风采。欧阳修心想：眼下能写出这样文章的，大概只有自己的弟子曾巩了，如果让这篇文章的作者得第一，会不会有徇私之嫌？那就让作者屈居第二吧！

等到揭榜时，欧阳修才知道这篇佳文的作者叫苏轼，是四川眉山人，二十一岁。苏轼十九岁的弟弟苏辙，也在这次考试中名列高等。

此前，欧阳修已认识了"二苏"的父亲苏洵，他还写了《荐布衣苏洵状》向皇帝举荐苏洵。苏洵因此名声大振，被视为

大器晚成的代表。苏洵的两个儿子在欧阳修主考的礼部考试中又并马齐出。之后皇帝对由礼部上奏的名单全部予以认可。

欧阳修主持的这次考试，为朝廷网罗了大量人才。

首先是苏轼、苏辙、曾巩——唐宋八大家中的宋代三人。

又有北宋中期政界举足轻重的人物，如吕惠卿、曾布（曾巩之弟）。他们后来都成为著名的政治家、改革家，是王安石变法的重要人物。

还有中国思想史、哲学史上的巨星，如程颢、张载、吕大钧。程颢是北宋理学家、教育家，提出"天者，理也"等观点。张载是理学家，与周敦颐、邵雍、程颢、程颐合称"北宋五子"。他著名的言论是"为天地立心，为生民立命，为往圣继绝学，为万世开太平"。吕大钧是北宋关中学派代表人物。

在科举史上，像欧阳修这样唯才是举、爱才如命的考官可谓凤毛麟角。

尤为可贵的是，欧阳修反对在权贵子弟中盛行的骈俪雕琢、僻涩怪诞的文风，崇尚质朴自然、慷慨流畅的文风。欧阳修、王安石、"三苏"、曾巩，唐宋八大家的宋代六家众擎易举，令文学步入繁荣发展的快车道。

欧阳修对宋代文学的贡献和影响怎么赞美都不过分，他的胸怀更令人称道!

后来,没能名列榜首的苏轼向恩师呈上《谢欧阳内翰书》:

右轼启。窃以天下之事,难于改为,自昔五代之余,文教衰落,风俗靡靡,日以涂地。圣上慨然太息,思有以澄其源,疏其流,明诏天下,晓谕厥旨。于是招来雄俊魁伟敦厚朴直之士,罢去浮巧轻媚丛错采绣之文,将以追两汉之余,而渐复三代之故。士大夫不深明天子之心,用意过当,求深者或至于迂,务奇者怪僻而不可读,余风未殄,新弊复作。大者镂之金石,以传久远;小者转相摹写,号称古文。纷纷肆行,莫之或禁。盖唐之古文,自韩愈始,其后学韩而不至者,为皇甫湜。学皇甫湜而不至者,为孙樵。自樵以降,无足观矣。伏惟内翰执事,天之所付,以收拾先王之遗文,天下之所待以觉悟学者,恭承王命,亲执文柄,意其必得天下之奇士,以塞明诏。轼也远方之鄙人,家居碌碌,无所称道,及来京师,久不知名。将治行西归,不意执事擢在第二,惟其素所蓄积,无以慰士大夫之心。是以群嘲而聚骂者，动满千百，亦惟恃有执事之知，与众君子之议论，故恬然不以动其心。犹幸御轼不为有司之所排，使得撍笏跪起，谢恩于门下，闻之古人，士无贤愚，惟其所遇。盖乐毅去燕，不复一战，而范蠡去越，亦终不能有所为。轼愿长在下风，与宾客之末，使其区区之心，长有所发。夫岂惟轼之幸，亦执事将有取一二焉。不宣。谨启。

这篇文章用短短几百字，恰如其分地表达出自己对欧阳修知遇之恩的感谢，高屋建瓴地叙述了宋朝的文风发展。文章简练精辟，气势如虹，充分显示出这个青年的不凡见识和高超的文字表达能力。

欧阳修高兴得手舞足蹈，他给老朋友梅尧臣写信说：

读轼书，不觉汗出。快哉快哉！老夫当避路，放他出一头地也！可喜可喜！

《风月堂诗话》里有这样一则逸事。有一天，欧阳修对儿子说："汝记吾言，三十年后，世上人更不道着我也。"

　　欧阳修直言要给苏轼让路，他还很高兴地对儿子说，三十年后，人们只会提到苏轼，不会再提到他。欧阳修的爱才之心如"霁月光风耀玉堂"，令人感动。

唐宋八大家：唐、宋两代八位散文作家的合称，即唐代的韩愈、柳宗元和宋代的欧阳修、苏洵、苏轼、苏辙、曾巩、王安石。他们提倡散文，反对骈体，是古文运动中的重要代表。

古文运动：唐宋时期的文学革新运动。代表人物有唐代韩愈、柳宗元，宋代的欧阳修、王安石、苏轼等。他们反对骈俪，强调文章与社会现实的关系。他们的创作成就卓著，确立了质朴自然、平易畅达且反映社会现实的散文传统，对后世影响深远。

高屋建瓴：在房顶用瓶子往下倒水。形容居高临下的形势。

醉翁之意不在酒：比喻本意不在此，而在别的方面。出自宋代欧阳修《醉翁亭记》："醉翁之意不在酒，在乎山水之间也。"

司马光

从烫核桃少年到史学界巨擘

司马光（1019 年—1086 年），字君实，陕州夏县（今山西夏县）涑（sù）水乡人，世称"涑水先生"。其父司马池，进士出身，担任光州光山县知县时生子，遂以"光"命名。

司马光砸缸，路人皆知，这位机智少年后来成为北宋政治家、文学家、史学家，是宋仁宗、宋英宗、宋神宗、宋哲宗四朝元老，他主持编纂了中国历史上第一部编年体通史《资治通鉴》。

司马光所走的路，如果形象风趣地描绘，应该是"从砸缸少年到布衣宰相"，我为什么偏偏要说他是"从烫核桃少年到史学界巨擘（bò）"？

因为这个过程特别能说明年幼时的人格修养对人生有多么重要。

致诚则正　蹈正则勇

司马光出生后，就随父亲司马池宦游四方，他们到过四川小溪县等地。司马池在位时替民除害、为国分忧，离任后百姓画下他的画像以作纪念，父亲的正直为人给幼小的司马光留下深刻印象。

司马光年幼时发生了两件极微小的事：烫核桃和砸缸。

有一天，姐姐想给司马光剥青核桃皮，却怎么也剥不下来。

姐姐离开，一个丫鬟端来开水烫核桃，不一会儿核桃皮就被剥下来了。

姐姐回来好奇地问："谁剥的？"

司马光得意地说："我剥的。"

这一幕恰好被司马池看到。他立即严厉训斥司马光：

"小孩子怎么可以撒谎？怎么可以贪他人之功为己有？"

这事对司马光的影响很大，他从此把"诚实、秉正"当作终生信条。

任何情况下，必须有一说一，哪怕对自己不利，也绝对不能说违心的话。

这一点，对古代士大夫非常重要，对历史学家尤其重要。

七岁这一年，司马光跟几位小朋友一起在花园玩耍。花园里有个大水缸，园丁为了浇花，刚刚装满了水。有个特别调皮的小朋友爬到缸上表演走缸沿"特技"，走着走着，一个趔趄，掉到水缸里了！

孩子们都吓坏了，纷纷往外边跑，想喊大人来救人。

那如何来得及？眼看落缸小朋友要沉下去了，司马光急中生智，也不知道哪儿来的力气，抱起一块巨石，向缸砸去……

"司马光砸缸"的故事，宋代时就被画成画，一再翻印，在东京开封、西京洛阳广为传播。

司马光的诗记下了对少年时代美好生活的回忆：

彩服昔为儿，随亲宦洛师。

至今余梦想，常记旧游嬉。

——《送王瓘同年河南府司录》

让司马光牢记的，恐怕不仅是砸缸壮举，还有烫核桃的糗事，这个一辈子的教训。

六岁开始，司马光接受严格系统的家庭教育。《论语》《孟子》《大学》《中庸》《孝经》《礼记》《春秋》……司马光不是过目不忘、出口成章的神童，他记诵不如人，他觉得自己比起特别聪慧的同学，是"土瓦之望珠玉"。但司马光对历史特别有悟性，七岁听他人讲《左传》，马上能领会大意，于是对《左传》爱不释手。司马光自幼养成的史学爱好，使得后来亿万读者因《资治通鉴》受益。

司马光勤奋刻苦，以勤补拙，十五岁已经对儒家经典无所不通。十九岁时，他写下两篇文字：

质重精刚，端平直方。进退无私，法度攸资。
燥湿不渝，寒暑不殊。立身践道，是则是效。
——《铁界方铭》

何为而正？致诚则正。何为而勇？蹈正则勇。

　　孟贲①之材，心动则回。临义不疑，呜呼勇哉！

——《勇箴》

　　司马光以铁界方自喻，认为做人要刚正不阿，不论客观环境多么恶劣，也要坚持做人准则。真正的勇敢来自对正义的坚定不移，而像"孟贲之材，心动则回"，不能算勇士。

　　司马光一生做人做事，都秉持着铁界方一样的准则，恪守"致诚则正""蹈正则勇"。

---

　　① 孟贲：战国时著名的武士，事见《史记·范雎蔡泽列传》。据说孟贲勇猛异常，水行不避蛟龙，陆行不避兕（sì）虎。

谏宋帝　请外派

　　宝元元年（1038 年），二十岁的司马光考中进士。此后两三年，母亲和父亲先后去世，司马光按规定回乡守丧，继续读书并写出《十哲论》《贾生论》等著名文章。二十六岁服丧期满，司马光重新出仕。后来得到庞籍推荐，经过严格考试任馆阁校勘——馆阁校勘虽然官职较低，却已是皇帝的侍从顾问。宋代以文治国，文臣一经此职，即成名流，更有机会接触国家收藏的经典。

　　为让皇帝为政清明，宋王朝长治久安，黎民安居乐业，司马光殚精竭虑，对皇帝披肝沥胆。宋仁宗宠臣夏竦（ sǒng ）殁，宋仁宗直接给他"文正"谥号，满朝哗然。夏竦虽然亦有政绩，曾提拔范仲淹和宋庠、宋祁兄弟，但在对西夏战争中"畏懦苟且不肯尽力"，还曾出于私愤构陷富弼，威信不高，甚至被人称为"奸邪"。群臣认为皇帝给夏竦谥号"文正"太高，但无人敢直接反驳皇帝。当时还是朝廷新锐的司马光毅然犯颜直谏宋仁宗："朝廷欲以私恩加美谥于夏竦，徇情违法，是国家之失。"宋仁宗不得不接受司马光的意见，改谥夏竦"文庄"。司马光与夏竦并没有个人恩怨，他正确评价当代人物，和他讲究"诚""正"为人一脉相承。

嘉祐六年（公元 1061 年）四十三岁的司马光入谏院供职。胸怀大志的司马光得到直接参与朝政、施展平生报国理想和才能的机会。他认为，国之治乱，尽在人君，于是他给宋仁宗上札子，希望宋仁宗做一个具备"仁、明、武"三种美德的明君。《秋夕不寐呈谏长乐道龙图》一诗像一幅生动的人物素描，留下了司马光秋雨霜寒、终夜不寐给皇帝写表的影像。他把自己看得如草木般轻，把社稷安危看得天一样大，不怕辛苦劳累，用心琢磨如何劝皇帝好好治理天下：

雨气生灯晕，霜寒入漏声。

疏篱过萤影，腐叶掩虫鸣。

丘壑违初愿，簪裾徇外荣。

丹心终夜苦，白发诘朝生。

恩与乾坤大，身如草木轻。

何阶见明主，垂拱视升平。

司马光任职谏官五年，给皇帝上奏一百七十多次，其中有多次是请求宋仁宗早立储位的。事情的起因是，宰相韩琦屡次劝无子嗣的宋仁宗立储，宋仁宗不听，想等待后宫嫔妃生出儿子，结果生出的还是公主。司马光一再上书请求宋仁宗立储，建议从宗室里选拔，这"言此自谓必死"的进谏，最终被宋仁宗接受，立堂侄赵宗实为嗣，改名"赵曙"。宋仁宗去世，赵曙即位为宋英宗，赵宋王朝实现了平稳过渡。

后来宋神宗当政，起用历史上著名的"拗相公"王安石进行变法。司马光认为王安石自设"制置三司条例司"以推行新法，不符合祖制，因此坚决反对。王安石施行"青苗法"等，地方劣官借机作祟，民怨载道，朝廷重臣韩琦、富弼、文彦博等都反对，结果这些重臣多遭贬官、外放。司马光几次试图说服王安石放弃变法，王安石执意不从。司马光于是主动向皇帝请求外派任职。他先到长安，后到洛阳，"六任冗官（闲官）"，专心治学。

我以著书为职业

司马迁的《史记》、班固的《汉书》问世后，纪传体史书备受重视，后世"正史"多以此体例编撰。到宋代初年，已有十七部纪传体史书。加上欧阳修等编撰的《新唐书》《新五代史》，到宋神宗时，已经有十九种今存的正史存世。司马光认为纪传体史书卷帙浩繁，脉络欠明，应该编一套编年体史书。因为编年体史书不仅更易使青年读者了解中国历史脉络，而且有利于皇帝较快地观古知今，以史为鉴。司马光自幼喜欢编年体史书《左传》，因此决心编一套简明扼要的编年体通史。

宋英宗在位期间，司马光已经完成《周纪》《秦纪》。宋英宗、宋神宗对司马光编修编年体通史都表示重视和支持。治平四年（1067 年），宋神宗为这部史书赐名《资治通鉴》。因反对王安石变法，司马光主动请求外派担任地方官。此后

他虽然仍然关心国家安危，却把主要精力放在编修史书上。编书期间，司马光"日力不足，继之以夜"。相传他做了个圆木警枕，以防睡多了浪费时间。司马光广泛收集史书、文集、笔记等各种资料，严格筛选，慎重取舍。

继已完成的《周纪》《秦纪》，司马光又把汉代到五代的历史一同编年成书。元丰七年（1084年），司马光把这部编年体通史呈给宋神宗。

不朽史书《资治通鉴》问世，是历史界的大事、盛事。

梁启超认为，《资治通鉴》"繁简得宜，很有分寸，文章技术，不在司马迁之下。"

司马迁、司马光，可称中国史学界前后两司马。

由俭入奢易，由奢入俭难

司马光为人温良谦恭、刚正不阿，人格堪称儒学教化下的典范。司马光历来受人景仰，他的家训也成了传世名作。可谁能想到，身为大宋名臣的司马光，生活节俭到让人瞠目结舌的地步。

相传有一天，司马光的好友范镇到洛阳看望他。范镇虽然非常了解司马光的为人，可当他走进好友的屋内时，还是惊讶得倒吸了一口冷气。

司马光家中除了四壁书架上摆满的书，其他地方空空如也。

床上的被子早已洗得褪色，被面上补丁连着补丁，真是寒酸！

范镇的眼泪差点落下来，他回家后，赶紧让夫人做了一床新被子，托人捎给司马光。好友的一片心意令司马光深受感动，他在被头端端正正地写上：此物为好友范镇所赠。

司马光一直盖着这床被子直到去世。司马光在给儿子司马康的家训《训俭示康》中写道：

> 由俭入奢易，
> 由奢入俭难。
> ……………
> 俭，德之共也；
> 侈，恶之大也。

司马光向儿子说明：做官的人如果贪求富贵，那他必然会贪污受贿，平民百姓如果生活靡费，那他必然盗窃别人的钱财。有德行的人都是从节俭做起的，奢侈是极大的恶行。

司马光病逝后，家人遵照他的遗愿，安葬他时给他穿上平常的衣服、盖上范镇送的被子。

司马光这么节俭是因为从小家境贫寒吧？其实，司马光的家族世代为官。父亲司马池从小就严格要求司马光。在父亲的影响下，司马光虽身居高位，却仍然保持着俭朴的作风。

后来，司马光的子孙将勤劳节俭的家训代代相传。

《资治通鉴》书成后第二年，宋神宗去世，宋哲宗继位，太皇太后听政。此时司马光再次得到重用。元祐元年（1086年）司马光去世，享年六十八岁。朝廷追封司马光为温国公，并在他的碑上刻下"忠清粹德"四个字。司马光的死讯传开，京城罢市悼念，街巷中哭声四起。安葬之时，人们像哭自己亲人一样哭送司马光。苏轼撰《司马温公神道碑》，认为司马光的高尚品德感动天下之人：

　　公以文章名于世，而以忠义自结人主。朝廷知之可也，四方之人何自知之？士大夫知之可也，农商走卒何自知之？中国知之可也，九夷八蛮何自知之？方其退居于洛，眇然如颜子之在陋巷，累然如屈原之在陂泽，其与民相忘也久矣，而名震天下如雷霆，如河汉，如家至而日见之。……

文史小知识

《资治通鉴》：中国古代的一部编年体通史。北宋司马光撰。全书294卷，另有《目录》30卷，《考异》30卷。《资治通鉴》上起周威烈王二十三年（前403年），下迄五代周显德六年（959年）。它取材丰富，内容以政治、军事的史实为主，具有很高的史料价值。

王安石变法：北宋神宗时期的政治改革。北宋中叶，社会矛盾尖锐。1069年，王安石任参知政事，在神宗的许可下开始推动变法。变法的举措包括：设置三司条例司；财政方面有均输法、青苗法等；军事方面有置将法、保甲法等。变法增加了政府财政收入，推进了军队建设，但由于新法触犯既得利益者权益，且推行太急，导致执行出现偏差，带来一些负面效果，使得王安石变法受到不少朝臣的非议。

词句学习角

巨擘（bò）：大拇指，比喻杰出的人物。

拾壹 于谦

一身正气　两袖清风

我们知道有个成语叫"两袖清风"。

人们往往认为这个词源自明代名臣于谦（1398 年—1457 年）。其实，在元朝人的诗里已出现过这个词。

陈基《次韵吴江道中》有"两袖清风身欲飘，杖藜随月步长桥"的句子。

在陈基的诗中，风吹动衣袖，诗人飘飘欲仙，在明亮的月光下，扶着藜杖悠然自得地迈过一座长桥。

不过，人们把"两袖清风"和为官做人联系起来的确和明代的于谦有关。

两袖清风朝天去

　　中国古代人的衣服上没有口袋，他们往往把东西放在褡裢里，再把褡裢搭在肩膀上。如果不用褡裢，他们会把少量的钱和票据放到什么地方呢？一般是两个地方：一个是袖子里，一个是靴筒里。

　　《红楼梦》里有这样一件事。贾宝玉跟着父亲游览将要用来接待元妃的花园。贾政看了几处后，忽然问这些地方的帐幔、帘子、玩器、古董办理得怎么样了，贾珍说不清，于是贾政把管理这件事的贾琏叫来。贾琏是贾宝玉的堂兄、王熙凤的丈夫。贾琏来后，从靴筒里取出靴掖，从靴掖里掏出一张账目，向贾政一一汇报花园物品的购置情况。

　　袖子和靴筒，特别是袖子，往往就成了一些贪官污吏和不法分子的临时小银库。

　　比如，打算向上司行贿的官员或打算向官吏求情的人会把银票藏在袖筒里，见面时悄悄交给受贿者，受贿者再把银票悄悄塞到自己的袖子里，买官卖官或者徇私枉法的勾当就这样在神不知鬼不觉中完成了。

明代名臣于谦的袖子却不会有这样的功能。

于谦，字廷益，钱塘人。据说于谦七岁时有位高僧见到他，感叹："他日救时宰相也。"于谦永乐十九年（1421 年）考中进士。他在江西巡视时，为几百名蒙冤的囚徒申雪，严惩了一些害民之官；他又被任命为兵部右侍郎，前往河南、山西。他察时事，观民情。他看到两省灾情严重，请求朝廷每年春初向灾民发粮，允许百姓等秋季收获后再将粮食偿还官府，并免除年老患疾和极为贫困的百姓需要偿还的粮食。这一举措极大程度地避免了饿殍出现。当时河南近黄河处时有冲决，于谦下令厚筑堤障，种树凿井，以利民众。于谦所到之处，总是留下非常好的官声。

杨荣、杨士奇、杨溥既是台阁重臣，也是著名诗人。"三杨"主持朝政时，十分看重于谦。于谦所奏请的事，往往是早上上奏章，晚上便可得到批复。尽管于谦的诗名远远没有"三杨"高，但论人格，于谦一点儿也不比他们差。他们也非常欣赏于谦，常常维护于谦。

　　"三杨"去世后，整个朝廷被大太监王振把持。即便是高级官员想见王振，也得排队，而且不能空手去见。

　　于谦进京，都是空着口袋。

　　据说有人提醒于谦："你可不能什么都不带就去见王振啊，那可是个雁过拔毛的角色。你就是不带金银财宝，至少也得给他带点土特产啊。"

　　于谦回答："我不会给他送任何东西，我就带两袖清风！"

　　于谦写了首《入京》表明志向：

　　　　　手帕蘑菇与线香，

　　　　　本资民用反为殃。

　　　　　清风两袖朝天去，

　　　　　免得闾阎话短长。

　　手帕、蘑菇、线香等土特产，本来应该是老百姓自己享用的，却被官员们统统搜刮走了，这给人民带来了灾难。我不想跟这些人一样搜刮民财讨好上司。我就是两手空空、两袖清风地进京，免得被百姓说闲话。

　　后来于谦因为不肯行贿受到迫害也不改初心！

在当时行贿成风、送礼成习的社会，于谦这样的人可谓凤毛麟角。

要留清白在人间

　　于谦能如此清正廉洁，跟他幼时就有志气有关系。少年时的他就写出了著名的《石灰吟》。大学中文系的古代文学课在讲到明代文学的时候要讲这首诗。

　　　　千锤万凿出深山，

　　　　烈火焚烧若等闲。

　　　　粉骨碎身浑不怕，

　　　　要留清白在人间。

　　据说，于谦十二岁时走到一座石灰窑前观看师傅煅烧石灰石。当看到一堆一堆、一块一块青黑色的石块经过烈火煅烧之后变成了白色的石灰时，他感触很深，于是写下了这首流传千古的诗歌。

石灰石经过千锤万凿才能从深山中被开采出来。熊熊烈火对它来说也只是寻常的事情。于谦眼中的石灰石明知自己会粉身碎骨也毫不惧怕，只为把清白留在人间。这就像仁人志士无惧粉身碎骨，只为把高尚的气节留在人间一样。

于谦用拟人的手法描写了石灰石，表达了自己为国尽忠，为民献身，不怕牺牲，坚守高洁品格的决心。这首诗句句是咏石灰石，又句句是吟咏光明磊落的胸襟和崇高的人格。

一寸丹心图报国

　　明初的杨荣、杨士奇、杨溥都是"台阁诗人"，他们经常给皇帝写"应制诗"。这类诗风格雍容华贵，离老百姓的疾苦比较远。此后，李梦阳、何景明等"前七子"和李攀龙、王世贞等"后七子"也都在文学史上占据一定地位。于谦虽然不是明代诗人中最杰出的代表，但他的许多诗却因为抒发仁人志士的胸怀，充溢着爱国热情而脍炙人口。除了《石灰吟》外，还有一首《咏煤炭》也是于谦的代表作：

　　　　凿开混沌得乌金，藏蓄阳和意最深。

　　　　爝火燃回春浩浩，洪炉照破夜沉沉。

　　　　鼎彝元赖生成力，铁石犹存死后心。

　　　　但愿苍生俱饱暖，不辞辛苦出山林。

　　跟《石灰吟》一样，于谦总是把人民的疾苦放在心上。他咏叹的石灰石、煤炭，都是一般诗人很少关注的、和诗情画意没有多少关联的事物，但是它们和黎民苍生有密切联系。它们的品格，或者说于谦赋予它们的特殊意蕴，能够表达于谦的品格志向。

　　古代很多诗人喜欢写花前月下，写云淡风轻，于谦笔下却很少有这类闲适格调。他总是为国事奔忙：

　　　　两鬓霜华千里客，马蹄又上太行山。

　　　　　　　　　　　　　　　　——选自《上太行》

　　自己抛家舍业没有什么悲哀的，年老体衰也没有什么悲哀的。于谦总是时时刻刻想着怎样报效国家、怎样服务黎民：

　　　　短发经梳千缕白，衰颜借酒一时红。离家自是寻常事，报国惭无尺寸功。

　　　　　　　　　　　　　　　　——选自《春日客怀》

　　即使"游山玩水"，于谦也会关注往日那些为国家做出贡献的英雄：

中兴诸将谁降敌，负国奸臣主议和。

——选自《岳忠武王祠》

于谦虽然身为官员，却清贫到没钱可用。不过，他报国的胸怀跟他身边的长剑一样，跟湛湛蓝天相辉映。他一心为国家、为黎民的心思永远不会因为艰难困苦而改变：

萧涩行囊君莫笑，独留长剑倚青空。

——选自《春日客怀》

树坚不怕风吹动，节操棱棱还自持，冰霜历尽心不移。

——选自《北风吹》

中流砥柱遭摧折

明英宗正统四年（1439年），也先成为瓦剌部首领，他进而兼并蒙古各部，并乘胜东攻。这一时期，明代朝廷由宦官王振把持，政治腐败，边防松弛。对于瓦剌部的无理要求，皇帝也都基本照准。来朝参贡的瓦剌使团数量激增，这使常规的朝贡贸易逐渐变成也先的讹诈手段。

正统十四年（1449年），也先挑起争端，率兵南进，进袭辽东、宣府、甘州、大同等地，大举入侵明朝。警报传来，皇帝和大臣惊慌失措。王振不顾群臣反对，鼓动明英宗亲征。明英宗发兵，由北京出居庸关至宣府，再冒险抵达大同。途中士兵缺粮，加上连日风雨，致使人心惶惶。王振盲目催促进军，致使前军受挫。王振听说前军失利，马上率军撤退，瓦剌军跟踪追击。有一种说法是，当时王振计划从紫荆关回京，这样就可以让明英宗临幸他的家乡蔚州。可是，当军队按计

划走了约四十里后，他又怕军队践踏庄稼惹家乡老百姓怨愤，就下令军队转而向东，改道宣府。明朝军队行至怀来附近的土木堡后，被也先的军队追上，并被团团围住。土木堡地高缺水，明军人困马乏，仓促应战，一战即溃。明英宗被俘，王振死于乱军之中，随行大臣将领折损殆尽。大军死伤惨重，骡马以及衣甲器械尽为蒙古军队所有。

土木之变后，明朝边防形势十分紧张，主和派主张向瓦剌求和，想以大量金银财宝赎回明英宗。瓦剌得寸进尺，以明英宗作筹码索取更多利益。明朝廷有的大臣提议迁都以避瓦剌，京城人心不稳。

在这种情况下，主战派兵部左侍郎于谦力撑危局。他极力反对迁都，主张坚守京师，请监国的郕王朱祁钰命令各地武装力量赶赴京师。随后，于谦奏请郕王调地方军队进京防卫，并调粮食入京。于是京师兵精粮足，人心稍安。同时，于谦等大臣请求皇太后立朱祁钰为皇帝，尊明英宗朱祁镇为太上皇。这使得瓦剌借英宗朱祁镇要挟明朝廷的愿望破灭，从而安定了人心。于谦在极短的时间里实行的一系列政治、军事措施，为京师保卫战的胜利奠定了基础。

当年十月初，也先率领瓦剌军挟持明英宗南下进犯，明京师随即戒严，景帝让于谦负责守战之事，提督各营军马的于谦又分兵遣将列阵于京师九门外，严阵以待。瓦剌军从紫荆关进抵北京。也先挟持着明英宗，要求明朝派人出迎，想乘机攻入城中。于谦挫败了也先的诡计，增强了明朝君臣抗战的决心。在于谦的严密部署和所属将士的英勇抗击下，经过数天拼死搏斗，明军取得胜利。也先战不胜，又怕明军断其后路，于是拔营撤退。于谦下令部将追击，斩获瓦剌军无数，之后瓦剌军退出塞外，京师解除戒严。北京保卫战的胜利，粉碎了也先夺取北京的野心，使明王朝转危为安。

从土木之变到北京保卫战，于谦主张立景帝，率兵固守北京，击退瓦剌，使人民免遭苦难。但英宗复辟后却以"谋逆罪"杀了英雄于谦。

对于明英宗来说，大明的江山社稷、百姓的生死存亡，都不是最重要的。最重要的是他的皇位。无论是谁，只要使他的皇位受到威胁，哪怕完全是出于保卫大明的需要，这个人也必须掉脑袋。

北京百姓听说于谦被冤杀，无不恸哭。他的遗骸被收殓后，又过了一年，才被运回故乡，安葬在西湖之畔三台山。

于谦被害七年后，天顺八年（1464年）明英宗驾崩，太子朱见深即位为明宪宗。他为于谦昭雪，恢复于谦生前官职，将其故居改为"忠节祠"。此后，明孝宗对于谦也有追封。

到了清代，林则徐在杭州重修于谦墓。

中华人民共和国成立后又重修了于谦墓碑。我们现在能看到碑上刻着"大明少保兼兵部尚书赠太傅谥忠肃于公墓"。

于谦和岳飞一样，是为美丽西湖增光添彩的国之栋梁。

台阁体：明代初期内阁文臣赋诗作文时形成的一种文风，以杨士奇、杨荣、杨溥为代表。内容多为歌功颂德、传播政教和官场应酬等；艺术上追求平正舒缓、雍容典雅的风格，缺乏个性特色。

前七子、后七子：明代文学流派的代表人物。"前七子"是李梦阳、何景明、徐祯卿、边贡、康海、王九思、王廷相的并称。他们提倡"文必秦汉、诗必盛唐"，以矫正台阁体风气。"后七子"是李攀龙、王世贞、谢榛等七人的并称，他们继承前七子复古的文学理念。前、后七子在一定程度上纠正了萎靡不振的诗风，但因过度强调模拟古人，也带来了新的弊端。

词句学习角

两袖清风：比喻做官的时候非常清廉，除衣袖中的清风之外，别无所有。明代于谦《入京诗》："清风两袖朝天去，免得闾阎话短长。"

张居正

从天才少年到救世宰相

明王朝到了中期，明太祖朱元璋和明成祖朱棣的战功已成过眼云烟，明仁宗朱高炽和明宣宗朱瞻基的文治也成了遥远回忆。奢靡之风渐渐使整个王朝走向衰落。然而，从隆庆六年（1572 年）明穆宗驾崩到万历十年（1582 年）明神宗亲政这段时间，张居正担任首辅。其间，整个王朝奇迹般复苏——吏治清明，经济繁荣，人民安居乐业。

被称为"救世宰相"的张居正，是如何从天才少年成为匡时济世的首辅的呢？

荆州神童张白圭

张居正（1525年—1582年），字叔大，江陵（今属湖北）人。他没有什么显赫的背景，祖上没有达官显贵，家中也没有巨财。祖父张镇还算富裕，他希望儿子能够通过科举出人头地。然而张镇的儿子张文明考上秀才后，多次参加乡试都没能中举。

相传在张居正出生前夕，他的曾祖父梦到月亮落到水瓮里，照得满瓮发亮，随后，一只白龟跟着水光浮了上来。

当时有一种迷信的说法：梦到龟是吉祥之兆。

曾祖父兴奋地给初生的曾孙子取名：张白圭。"白圭"是"白龟"的谐音。

前辈把振兴家族的希望寄托到这个刚出生的婴儿身上。张居正成材的故事又是怎样的呢？我们一起来看一下。

据说张白圭两岁时已聪明过人。有一天，叔父在读《孟子》，奶妈抱着张白圭在一边看。

叔父开玩笑说："白圭呀白圭，人们都说你聪明，你得认识'王曰'才算数。"

过了几天，叔父读书时，奶妈又抱白圭过来。叔父把他抱到膝上问："'王曰'在哪儿？"白圭小手的食指准确无误地点到"王曰"上。大人们都惊呆了。

张家有两岁神童的事在当地传扬开来。

张白圭幼年开始读书，小小年纪就通六经要义，十一岁左右就到荆州参加科举考试了。荆州知府李士翱把他叫到跟前，问话之后非常喜欢他，给他改名张居正。

荆州府考试之后，李士翱向湖广学政田顼（xū）推荐张居正。田学政把张居正叫来，给他出题《南郡奇童赋》。张居正很快交卷，湖广田学政和荆州李知府惊喜不已。

据说张居正十三岁到武昌参加乡试。他写下两首诗，其中有一首《题竹》：

绿遍潇湘外，疏林玉露寒。

凤毛丛径节，只上尽头竿。

这首诗不算多杰出，但我们从中可以看出少年张居正的性格、胸怀、追求。

张居正在乡试中取得了优异的成绩。眼看他要在十三岁成举人时，湖广巡抚顾璘对监考的御史说："十三岁就中举人，以后会自满，把上进心打消，这对居正不利。如果让他迟几年中举，恐怕对他的未来更有利。"

张居正的考卷得到主考官欣赏，但监考御史听取了巡抚的意见，没有录取他。

后来张居正对顾璘一直心怀感激。顾璘出于爱才的长远考虑阻挠张居正少年中举，同时，顾璘对张居正热诚关爱，殷切期望，预言他未来前程远大。张居正晚年在书信《与南掌院赵麟阳》中回忆：我十三岁时，大司寇顾公担任湖广巡抚。他一见我就"许以国士"，对湖广几位高官预言："此子将相才也。我看到这个孩子就像唐朝宰相张说看到李泌一样。"顾公还解下束带送给我。有一天，顾公留我一起吃饭，他把他的幼子叫来，对他说："此荆州张秀才也。他年当枢要，汝可往见之，必念其为故人子也。"张居正对顾璘"感公之知，思以死报。中心藏之，未尝敢忘"。

他想培养个好皇帝

张居正在嘉靖二十六年（1547年）中进士，进入翰林院任职。后来，他写下《论时政疏》，指出明代官场臃肿低效，显示了他的政治才能。

嘉靖时的官场斗争不断，张居正巧妙地躲过政治陷阱，在隆庆元年（1567年）入内阁。隆庆六年（1572年）五月，明穆宗去世；六月，明神宗即位，张居正担任首辅。当时明神宗仅十岁，张居正身负重任。

张居正想为明朝培养个好皇帝。

他亲自编撰《帝鉴图说》供小皇帝阅读。全书由小故事加插图构成，分为上册《圣哲芳规》和下册《狂愚覆辙》。小皇帝看到老师捧着两册图画书，高兴地打开，请张居正讲解。张居正指着图讲起汉文帝细柳劳军的故事说："皇帝，您要加强军备。"张居正顺势把整饬武备、抵御外敌的主张

提了出来。

明代皇帝的教育主要有两种形式，一种是经筵，一种是日讲。

经筵每月举行三次，由朝廷勋臣或内阁学士一人总理事宜。讲学之日，尚书、都御史等侍班，由翰林学士和国子监祭酒给皇帝讲四书和经史。

张居正制订了严密的日讲制度和教学计划：

每天读《大学》《尚书》各十遍；

中午时学《通鉴节要》《贞观政要》；

每日各官讲毕，皇帝有不明白的地方要及时提出，务求明白……

张居正像个负责任的小学教师，利用一切机会把小皇帝领到勤政爱民的道路上。

张居正有哪些改革

张居正慨然以天下为己任，进行了一系列改革。

在政治上，他制定了"考成法"——一项考核官吏的制度。明万历元年（1573 年），张居正看到当时官吏实际事务做得很差，考察制度弊端突出，于是他提出考成法。

考成法规定了各项政务完成的期限，并实行注销制度。各部院需准备两册政务考成簿，一本送六科注销，一本送内阁查考。同时，各层机构之间实现了互相监督。朝廷的各项政务分别由各主管部门或都察院规定完成期限，各部院的政务又分别由六科负责督查、考核。

月有考核、岁有稽查，各级官员必须按职务要求尽职尽责，认真考核。考成法实行后，各级官吏的行政效率大为提高。

张居正还针对当时官员任职时间太短，调动太频繁的问题，推行"内外官久任法"，制定一系列规定保证各级官员有足够的在任时间。这样使得各级官吏能充分施展能力，任上尽职。张居正又裁汰冗员，处治贪腐，整顿驿递制度。经过张居正一系列整治，吏治有所澄清——中央政令一经发出，"虽万里外，朝下而夕奉行"。

在经济上，张居正劝导明神宗节俭，削减各种靡费，开源节流，采取措施征历年积欠的赋税。他奏请皇帝批准在全国清丈土地，从而查出大量隐占的田土，增加了税收。

张居正还重用治黄能手潘季驯治理黄河，使得"两河归正，沙刷水深，海口大辟，田庐尽复，流移归业"。水患得到治理，人们因此安居乐业。

特别值得一提的是，张居正在全国推广了赋役制度"一条鞭法"。明中叶以来，由于土地兼并严重，赋役繁重不均，造成国家财政困难。张居正于万历九年（1581 年）在全国推广"一条鞭法"，把赋、徭役、方物土贡（各地土特产）统并一条征收。各类征项，一律征银。他废除了有许多弊端的粮长制，令赋税全由地方政府直接征收。一条鞭法的实行，在一定程度上抑制了土地兼并，减轻了农民和商人负担，削弱了农民的人身依附关系，促进了商品经济发展，一定程度上挽救了明朝的财政危机。

在军事上，张居正积极整饬边防，促成了明和蒙古的互市。他任用李成梁、戚继光镇守北方，使得军威大振，边境稍安。张居正还在东南沿海整修兵船，巡弋近海，严防倭寇。

张居正任首辅十年，政绩杰出，使明王朝一度摆脱了危机，呈现了中兴。

在中国封建社会的多次改革失败后，张居正取得了一时的成功。

少年明神宗是张居正施行新政的支持者，至于明神宗亲政后倦于朝政，沉溺酒色，已经是张居正身后的事了。

文史小知识

内阁和首辅：内阁，官署名。明太祖所设的华盖殿、文渊阁等大学士是内阁的雏形。明成祖继位后，内阁基本形成，但没有指挥六部的权力。明仁宗后，内阁权力逐渐增长，入阁者多为尚书、侍郎，实掌宰相权力。首辅，明代对首席大学士的习称。明代嘉靖、隆庆和万历初期首辅职权尤重，主持内阁大政。

词句学习角

弹劾：由国家专门机关对违法失职或职务上犯罪的官吏采取揭发和追究法律责任的行为。

后记

五年前我就跟刘蕾约定，给晓童书写套《自古英雄出少年》。

这套书终于在 2023 年酷暑中完成。

与其说是写童书，不如说是写童年读书经历和老年读书笔记。

我本来以为写起来很容易，没想到特别难。比解读《红楼梦》《聊斋志异》难，比写《煎饼花》《豆棚瓜架婆婆妈》也难。那些"资料"都装在我的脑壳里，顺着敲电脑的手流到纸上就完成了。

《自古英雄出少年》却是另起炉灶，八十岁的我闯陌生领域，自找苦吃。

因为是写给孩子们看的，我的宗旨是：全面收集古今资料，力求传递英杰人物的核心精神。

从历经千百年的历史文献和文学作品中寻找有当代价值

的少年英雄人物及其事迹，是一项浩大的工程。

我得先确定哪个重要人物既是青史留名又是年少成名，然后再去查他的事迹和作品。

一个夏天，从重读《史记》开始，我看了六七百万字的史书、人物传记、文学作品。

琢磨透一个人物，我就写一篇，一篇，一篇，又一篇……

我得找出每个人物的闪光点，找出他对当代青少年有什么教益。

我还得尽量写得通俗一点，让少年读者容易看懂。

我一边读，一边写。郑板桥说得多好，多读古书开眼界：

删繁就简三秋树，
领异标新二月花。

写书成了次要的，读书才最快乐。我老了还能一天读几个小时书，乐在其中，乐而忘忧。

十几年前，孙女阿牛读初中，"家长"（牛运清教授）给她写了幅字：自古英雄出少年。

阿牛把这幅字挂在书房里，她经常坐在这幅字下边敲电脑，上网课。

在这幅字下边，阿牛完成了《纸墨》（牛雪莹著），这本书在当当等网站畅销。

在这幅字下，阿牛收到了清华大学新闻与传播学院博士研究生的入学通知书。恰好这时，被她叫作"奶胖"者，把这套《自古英雄出少年》写完。这下，可以把她"爷胖"的题字印到封面上了。

马瑞芳

2023 年 10 月